LA BIBLIOTHÈQUE ARABE

collection
*Les littératures contemporaines*

Sindbad
est dirigé par Farouk Mardam-Bey

# SUPERMAN EST ARABE

# DU MÊME AUTEUR

*J'AI TUÉ SCHÉHÉRAZADE. CONFESSIONS D'UNE FEMME ARABE EN COLÈRE*, Sindbad/Actes Sud, 2010 ; Babel n° 1158.

*LE RETOUR DE LILITH*, Actes Sud, Babel n° 1079.

Titre original :
*Superman is an Arab*
Éditeur original :
The Westbourne Press, Londres
© Joumana Haddad, 2012

© ACTES SUD, 2013
pour la traduction française
ISBN 978-2-330-01492-6

# JOUMANA HADDAD

# Superman est arabe

*De Dieu, du mariage, des machos
et autres désastreuses inventions*

*traduit de l'anglais par Anne-Laure Tissut*

**Sindbad**
*ACTES SUD*

*À Mounir et Ounsi,*
*mes deux fils.*
*Puissent-ils devenir de vrais hommes*
*plutôt que de "super-hommes",*
*le genre d'hommes dont je puisse être fière,*
*et fiers eux-mêmes d'être des hommes.*

*Et celui-ci, alors? [...] Ce n'est pas un livre au sens ordinaire du mot. Non! C'est une insulte démesurée, un crachat à la face de l'Art, un coup de pied dans le cul à Dieu, à l'Homme, au Destin, au temps [...] Je m'en vais chanter pour vous, chanter en détonnant un peu peut-être, mais chanter.*

HENRY MILLER,
*Tropique du Cancer.*

*Je choisis, avec l'instinct le plus profond, un homme qui contraint ma force, qui a d'énormes exigences envers moi, qui ne doute ni de mon courage ni de ma solidité, qui ne me croit pas naïve ou innocente, qui a le courage de me traiter comme une femme.*

ANAÏS NIN

*La tragédie du machisme est que l'homme n'est jamais tout à fait assez homme.*

GERMAINE GREER

# SOMMAIRE

# IL ÉTAIT UNE FOIS...

Il était une fois une petite fille qui aimait lire plus que tout au monde. Elle lisait tout ce qui lui tombait sous la main : les journaux de son père, les magazines de sa mère, ainsi que tous les livres dont regorgeait la grande bibliothèque familiale. Elle lisait même les petites notices explicatives qu'on trouve dans les boîtes de médicaments, décrivant à l'intention des usagers posologie, mode d'administration et effets secondaires. C'est ainsi qu'elle apprit, à l'âge de huit ans, qu'alcool et alcalin ne font pas bon ménage, et que la Ranitidine peut ralentir l'assimilation du Diazepam et réduire sa concentration dans le sang, toutes choses qui finalement lui furent peu utiles par la suite.

Elle lisait à table, au grand désespoir de sa mère, et à l'école pendant les récréations, à la grande déception de ses amies. Elle lisait pendant les cours qui ne l'intéressaient pas, en particulier celui de géographie. Elle lisait dans le bus, oubliant parfois de descendre, et elle arrivait en retard. Elle lisait dans les abris où elle se cachait pour échapper aux bombardements durant la guerre civile, c'était plus efficace que les boules Quies. Et elle lisait aussi la nuit, quand tous les autres dormaient. Elle allumait furtivement sa lampe de chevet et elle lisait.

Vous l'aurez compris, cette petite fille, c'était moi.

Il n'y avait pas de bandes dessinées à la maison. D'abord, c'était un produit de luxe qui coûtait cher, trop cher en tout cas pour une modeste famille des classes moyennes comme la mienne. Ensuite, mon père estimait que ce n'était pas une lecture sérieuse. Il considérait avec dédain toute phrase qui ne nécessitait pas au moins deux lectures pour qu'en soit saisie la portée. Je vivais donc dans l'ignorance des bandes dessinées jusqu'au jour — je devais avoir neuf ou dix ans — où nous rendîmes visite à notre tante : je me sentais peu à peu exclue par mes trois cousins (tous des garçons) et mon frère, tout occupés qu'ils étaient à jouer à "chat", et finis par dégoter dans un coin une pile de *Superman*. Je m'y attaquai aussitôt. Quelle découverte !

Je tombai tout de suite sous le charme de Clark Kent : il était timide, pataud, doux et honnête. En un mot, il était authentique. Pourtant, chaque fois qu'il se débarrassait de son costume de ville pour se transformer en Superman, et qu'il s'envolait par la fenêtre, vraisemblablement pour sauver le genre humain, je ressentais comme un malaise, une certaine forme de détresse. Je n'aurais su dire exactement pourquoi il me devenait si déplaisant, tant il avait toutes les apparences d'un héros admirable. Il n'y avait rien à faire, j'étais comme rebutée par ce personnage "rapide comme une balle, plus puissant qu'une locomotive", un personnage qui pouvait "détourner de puissants fleuves et plier l'acier à mains nues". Pour moi, ce n'était pas Superman qui se déguisait en Clark Kent, mais bien l'inverse, et j'en voulais à Loïs Lane d'aimer Superman et de dédaigner Kent.

Plus tard, beaucoup plus tard, il m'apparut un jour comme une évidence que ce monde, et en particulier les femmes, n'avait que faire d'hommes d'acier. Ce qu'il leur fallait, c'étaient des hommes véritables. Oui, de vrais hommes, avec leur maladresse, leur timidité, leurs travers, leurs défauts et leurs points faibles. Des hommes sans identité secrète. Des hommes qui ne croient pas forcément qu'ils voient plus loin que vous, qu'ils entendent mieux que vous, qu'ils courent plus vite que vous et, surtout, qu'ils pensent mieux que vous. Des hommes qui n'ont pas besoin d'enfiler un justaucorps bleu et une cape rouge (quelle étrange métaphore de la virilité!) pour se sentir en confiance. Des hommes qui ne se croient pas invincibles, qui n'ont pas peur de dévoiler leur côté vulnérable, qui ne cachent pas, que ce soit à vous ou à eux-mêmes, leur véritable personnalité. Qui n'hésitent pas à demander de l'aide quand ils en ont besoin. Qui sont fiers que vous les souteniez comme ils sont fiers de vous soutenir. Des hommes qui ne s'identifient pas à la taille de leur pénis ou à l'abondance de leur pilosité. Des hommes qui ne se signifient pas par leurs performances sexuelles ou par leur compte en banque. Des hommes qui vous écoutent vraiment, au lieu de vous venir en aide avec condescendance. Des hommes véritables, qui ne se sentent pas humiliés ou castrés parce que, de temps à autre, ils peinent à obtenir une érection. De vrais hommes qui discutent avec vous de ce qui est mieux pour tous deux au lieu de dire, sur un ton arrogant : "Laisse-moi m'en occuper!" Des hommes qui vous considèrent comme une partenaire, et non comme une proie, ou une épreuve, voire un trophée. Des hommes qui partagent avec vous leurs problèmes et leurs préoccupations, au lieu de s'obstiner à tenter de tout résoudre tout seuls. Des hommes qui, en un mot, n'ont pas honte de vous demander la direction à suivre, au lieu de prétendre tout savoir, souvent au risque de se perdre.

*

Non, ce monde n'a vraiment pas besoin de Superman. Pourquoi? Eh bien d'abord parce que Superman est un personnage de fiction. Là, certains d'entre vous diront : "Bah ! Et alors ? On le sait bien !" Vous savez quoi ? Eh bien, dans mon monde, et, je suis sûre qu'il en va parfois de même dans le vôtre, nombreuses sont celles qui croient qu'il existe vraiment. Mais ça n'est pas cela le problème. Je ne veux pas parler ici du syndrome du sauveur, de l'ami imaginaire. Le vrai problème, c'est que ceux qui adhèrent à cette idée de Superman sont convaincus d'en être l'illustration. Et leurs actes sont en conformité avec cette conviction. Et c'est là que tout commence à dérailler. C'est là que les leaders se révèlent être des despotes, les patrons des esclavagistes, les croyants des terroristes et les copains des tyrans. Leur formule favorite c'est : "Je sais mieux que toi ce dont tu as besoin." Eh oui, un simple personnage de fiction peut engendrer ce genre de désastre humain. Cela peut sembler amusant parfois, en fait ça ne l'est guère. C'est triste. C'est destructeur. Pour soi et pour les autres.

Cette réalité, que je décris ici, m'amena plus tard à découvrir une analogie frappante et, selon moi, tout à fait crédible : "Superman est un Arabe !" Même dédoublement de la personnalité, même prétention à incarner le sauveur, mêmes attitudes de macho. Le même couplet : "Je représente le bien, tout le reste, c'est le mal." La même illusion d'être invincible. Et il y en a tellement, dans ma chère vieille région d'Arabie, de ces super-héros autoproclamés. Il y a ceux qu'on a chassés mais aussi ceux qui sont restés. Les plus dangereux sont les terroristes : car comment combattre celui qui veut mourir, qui désire la mort avec passion ? La bataille est perdue d'avance. Forts de leur certitude d'obtenir cinquante vierges au prétendu paradis (un paradis qui s'apparente donc plutôt à une maison close), ces gens dûment endoctrinés deviennent invincibles. (Pour ma part, je me demande toujours comment un seul homme peut s'y prendre pour s'occuper de cinquante vierges. Est-ce que deux ou trois professionnelles ne feraient pas aussi bien l'affaire ?)

Les plus fameux de ces Superman sont des terroristes, aux côtés des dictateurs et des religieux fanatiques : Oussama Ben Laden, Saddam Hussein, Muammar Kadhafi, Hosni Moubarak, Abdallah Ben Abdel Aziz al-Saoud, Ayman al-Zaouahiri, Mahmoud Ahmadinejad… Heureusement, certains d'entre eux ont déjà disparu et, au moment où vous lirez ce livre, il y en aura encore davantage. Mais comme ces gens prolifèrent comme le levain, mieux vaut ne pas compter sur l'extinction de leur espèce.

Et ne sous-estimons pas non plus les représentants moins célèbres de cette espèce. Ni tous les archétypes du Superman arabe : le père, le frère, le copain, l'époux, le fils, le voisin, le policier, le prêtre, le cheikh, le journaliste, le publicitaire, le politicien, le collègue de bureau, etc. En clair, le type d'à côté.

Pas de doute, Superman est arabe. Il peut sembler tout-puissant, mais ses muscles ne sont qu'une façade masquant son manque d'assurance. Il peut paraître authentique, mais il n'est qu'un imposteur, la pâle réplique d'un idéal originel qu'il ne parvient pas à atteindre. On peut le croire coriace, mais il ne tient pas la distance. Un simple défi parvient à l'ébranler, à l'effrayer et finalement à l'anéantir. La kryptonite n'est qu'une gentille allégorie de ses innombrables angoisses secrètes. Il peut donner l'impression d'être serviable ; il ne sait que vous étouffer et vous contraindre. On peut le croire intelligent mais écoutez-le attentivement et vous verrez qu'il confond la virilité avec le machisme, la foi avec le fanatisme, l'éthique avec les traditions les plus éculées. Sa bienveillance cache son égoïsme, la protection qu'il vous accorde vous asphyxie, son amour n'est que désir de posséder, sa force n'est que volonté de pouvoir. Il peut se présenter sous son meilleur jour en surface, mais à l'intérieur, il est entièrement corrompu. Ouvrez ce coquillage scintillant, vous ne trouverez que mensonges, lâcheté et hypocrisie. Il prétend qu'il va libérer le monde mais c'est le monde qui a besoin d'être libéré de lui. Mieux encore, il a besoin d'être libéré de lui-même.

*

Mais quand donc exactement a commencé cet archétype de Superman ?

Toutes les histoires ont un commencement. Et une histoire comme celle-ci, qui dure depuis longtemps et semble ne jamais devoir finir, se doit d'avoir un commencement facile à retenir. Eh bien, ça a commencé comme ça : la confusion inventa la peur et la peur inventa Dieu. Dieu inventa le concept de péché. Et le concept de péché inventa le macho. Le macho inventa la femme docile et la femme docile inventa la sournoiserie. La sournoiserie inventa les masques qu'on revêt pour se défendre. Ces masques inventèrent la guerre des sexes, avec bien d'autres choses d'ailleurs. Et c'est ainsi que tout retourna à l'état de confusion.

Mais, s'il nous faut supporter l'existence de Superman, il n'est pas le seul à blâmer. N'oublions pas que ce sont des femmes qui ont pourvu à son éducation. Des mères ignorantes, des petites amies superficielles, des filles complaisantes, des sœurs qui se posent en victimes, des épouses passives, et ainsi de suite. L'admiration que voue Loïs Lane à ce personnage fabriqué et tape-à-l'œil au détriment du vrai personnage, plus humble, est un exemple clairement significatif du rôle que jouent les femmes dans la perpétuation de la race des machos. Voyez-vous, c'est un cercle vicieux. Et beaucoup s'y laissent prendre, des hommes comme des femmes. Et tous s'en accommodent, consciemment ou pas. Voilà pourquoi il devient urgent de bien se rendre compte que Superman n'est qu'une contrefaçon, qui plus est de piètre qualité. Le moment est venu pour lui de raccrocher sa cape et de s'habiller normalement. Et pour nous de dédaigner ces étiquettes clinquantes et de retourner à l'authentique. Celui qui est en nous, avant les autres.

# I

## POURQUOI CE LIVRE?

*Si vous ne dites pas la vérité sur vous-même, vous ne pouvez pas la dire sur les autres.*

                                VIRGINIA WOOLF

# PERDU ET RETROUVÉ

Le meilleur livre que j'écrirai jamais
est caché quelque part
sous les livres que j'ai déjà écrits,
je le sais.

Peut-être,
oui peut-être,
si je cherche bien, et assez longtemps,
je finirai par le trouver
un jour.

Mais une petite voix me dit
que le meilleur livre que j'écrirai jamais
n'est que cette crasse
collée sous mes ongles :
mes ongles obstinés,
jamais las de creuser.

# ÉLOGE DE L'ÉGOÏSME

*Cela fait partie de la beauté de toute la littérature : vous
découvrez que vos désirs sont des désirs universels, que vous
n'êtes pas seul et différent des autres. Vous en êtes.*

FRANCIS SCOTT FITZGERALD

Permettez-moi de vous l'avouer franchement : je n'écris pas
pour changer le monde. Même à supposer que je le puisse,
tel n'est pas mon but. Je ne vise pas non plus à transformer
les monothéistes remplis d'espoir en athées avisés. Laissons-
les plutôt se bercer de leurs illusions. Je ne cherche pas non
plus à convaincre les machos de respecter les femmes ainsi
que leur dignité. Le fait qu'ils soient des machos est leur
seconde punition, la première étant que des femmes – et
même des hommes – comme moi existent. Nous sommes
condamnés, eux et nous, à entrer de temps à autre en colli-
sion aux carrefours.

Je ne cherche pas davantage à transformer les hypocrites
en êtres humains sincères. Qu'ils pourrissent dans la fange
de leurs mensonges, ceux qu'ils racontent aux autres mais
surtout ceux qu'ils se racontent à eux-mêmes ! Je ne vise pas
à dénoncer la malhonnêteté de la plupart des représentants
religieux. Là, le charlatanisme le dispute à l'imbécillité. Je

ne vise pas davantage à renverser l'institution délabrée du mariage. Puissent les fervents supporters du slogan "jusqu'à ce que la mort nous sépare" prospérer et proliférer sur le lit de leurs chimères.

Je ne cherche pas à convaincre les hommes tyranniques de ce que les femmes ne leur appartiennent pas, ni corps ni esprit : du moins, pas tant que certaines femmes resteront persuadées du contraire. Je ne cherche pas à prouver aux femmes en burqa qu'elles sont les victimes d'un lavage de cerveau et de l'oppression patriarcale. Je ne cherche pas à prouver aux filles *Playboy* qu'elles sont les victimes d'un lavage de cerveau et de l'oppression patriarcale. Ni à révéler le double langage de nos sociétés et institutions. Pour que le précepte "Tous les êtres humains naissent libres et égaux en dignité et en droits" trouve à s'appliquer, il faut d'abord que nous soyons vraiment des êtres humains. Visiblement, certains sont nés sans posséder ce don.

Je vous jure (mais pas sur Dieu, ça non !) ne pas chercher à guider les égarés, à éclairer les aveugles, ni à corrompre les pieux, soulager les névrosés, soigner l'impuissance et la frigidité. Mon unique but est de jouir de mon droit d'être moi-même, telle que je l'ai choisi. De mon droit de dire ce que j'ai envie de dire. De mon droit de prendre ce que j'ai envie de prendre. De mon droit de faire ce que je veux. Et j'accepte avec joie les responsabilités qui accompagnent l'exercice de ces droits !

Notez-le bien, si j'écris "mon", ce n'est pas par hasard, c'est intentionnel. Serais-je égocentrique ? Soit ! Je le revendique haut et clair. De mon modeste point de vue, voilà ce dont le monde a besoin : davantage d'égoïstes sincères et moins de faux altruistes et autres bienfaiteurs.

Mais *si*, en étant qui je veux être, en disant ce que je veux dire, en prenant ce que je veux prendre, en faisant ce que je veux faire, j'en entraîne d'autres à être aussi qui ils veulent être, à dire aussi ce qu'ils veulent dire, à prendre aussi ce qu'ils veulent prendre, à faire aussi ce qu'ils veulent faire... eh bien, je m'estimerai la personne la plus chanceuse sur terre. Oui, je suis très fière des "dommages collatéraux" que je peux occasionner. Ils me donnent force, détermination, ténacité et passion.

Croyez-moi, je ne cherche pas à changer le monde. Je ne veux que vivre et écrire. C'est cela mon combat, cela ma grande cause, ma lutte de tous les instants. Vivre et m'exprimer par l'écriture, sans compromis, sans me laisser acheter, sans dessous-de-table. Vivre et me dévoiler toute nue, nue comme un poème jaillissant d'un utérus.

Et c'est tout.

# NOTE AU LECTEUR

*Je n'avais rien à offrir, sinon ma propre confusion.*

JACK KEROUAC

Cher lecteur,

Avant d'accumuler toutes sortes de suppositions et d'en tirer des conclusions hâtives, ayez la gentillesse de bien vouloir noter qu'en dépit de son titre flamboyant, ce livre n'est pas un manifeste contre les hommes en général, ni non plus un manifeste contre les hommes arabes.

Cependant, ce livre se veut un cri lancé au visage du système patriarcal, à ses valeurs absurdes, pour ne pas dire honteuses, à son matériau et à ses références. Un cri passionné, exempt de tout venin. Un cri aussi lancé au visage d'un des plus infâmes sous-produits de ce système : l'espèce des machos, des esprits bornés, des héritiers du Néandertal, de ceux qui pensent "Tu n'existes que dans mon ombre".

On aimerait croire qu'il s'agit là d'une espèce en voie de disparition, mais pas du tout. On voudrait croire que les révolutions arabes vont mettre un terme à tout cela, mais rien n'est moins sûr, tant il nous semble qu'un monstre vient en remplacer un autre. On souhaiterait que cette espèce disparaisse, mais elle n'est même pas en danger.

Oui, elle existe encore, elle est partout. Elle rôde en silence, comme un ogre. Malgré toutes les luttes pour les droits de la femme, malgré les manifestations, malgré les lois, malgré les acquis en termes de liberté civile, malgré le prétendu souffle de changement, le semblant d'égalité dans quelques coins de la planète. Je comparerais volontiers cela à l'enfer de Dante : certains sont piégés à l'intérieur du premier cercle, d'autres à l'intérieur du neuvième. Mais cela reste un enfer.

Vous me direz qu'il y a bien des femmes qui sont elles aussi le produit répugnant du système patriarcal, et vous aurez parfaitement raison. Je suis tout à fait d'accord. Chaque fois que j'en ai l'occasion, j'insiste sur ce point afin de combattre une confusion insidieuse et très répandue, mais vraiment trop facile, entre masculinité et patriarcat. Je veux parler de ces femmes qui considèrent que plus un type les ignore ou les maltraite, plus il est séduisant ; celles qui choisissent le macho dans toute sa splendeur plutôt qu'un homme convenable et respectueux ; celles qui souhaitent, lorsqu'elles sont enceintes, donner le jour à un garçon plutôt qu'à une fille ; celles qui apprennent à leurs fils à devenir misogynes et à leurs filles à être domestiquées ; celles qui gardent le silence quand ces filles se font violer, physiquement ou psychiquement ; celles qui les poussent à la reconstruction chirurgicale de l'hymen ou à des mutilations génitales ; celles qui expliquent aux autres femmes qu'elles sont faites pour rester à la maison, qu'elles n'ont pas à participer aux activités sociales, politiques et économiques de nos pays ; celles qui enseignent aux autres femmes l'obéissance et la soumission ; celles qui méprisent, haïssent et combattent les femmes qui réussissent ; celles qui ne croient même pas qu'une femme puisse réussir ; celles qui encouragent leurs filles à se marier à quatorze ans et à être patientes lorsque leurs maris les battent ; mais par-dessus tout celles qui sont vraiment et profondément convaincues que les hommes sont plus forts, plus brillants, d'une essence supérieure. Qu'elles soient conscientes ou inconscientes, ces horribles manifestations du système patriarcal dans son versant féminin sont innombrables dans nos pays et dans nos cultures.

D'un autre côté, et ce un peu partout dans le monde, il existe encore des hommes pour se croire supérieurs aux femmes et le clamer en se frappant le torse comme des gorilles. Ce sont ceux-là qui maltraitent les femmes, ceux-là qui les battent, ceux-là qui les exploitent, ceux-là qui les regardent avec dédain, qui les sous-estiment, les mettent sous l'éteignoir, les prennent pour de bas morceaux de boucherie. Ce sont ceux-là qui achètent ou vendent des femmes, qui les méprisent ou font preuve de condescendance dans le meilleur des cas, ceux-là qui utilisent leurs muscles, ou le pouvoir économique, social, politique ou religieux que leur confère le système patriarcal pour opprimer les femmes. Ils aiment à se comparer à Superman, ces sauveurs de l'humanité !

Encore une fois, Superman n'est qu'un mensonge et la seule chose qui ait aujourd'hui besoin d'être sauvée, c'est ce navire en perdition qu'on appelle le genre masculin. Superman est un mensonge, un mensonge de mauvais goût, dangereusement toxique, voire suicidaire. D'aussi mauvais goût et aussi toxique que le cliché de la demoiselle en détresse. Comme cette pauvre jeune fille persécutée, qui doit surmonter son mépris d'elle-même pour commencer à croire en ses pouvoirs, nos soi-disant surhommes devraient également commencer par être des hommes, des vrais.

Le type d'homme que méritent les femmes, le type d'homme que mérite l'humanité, mais surtout, le type d'homme que tout homme mérite de devenir.

# II

# COMMENT TOUT A COMMENCÉ
# (EN GÉNÉRAL)

*Mais si je suis une "expérience", suis-je toute l'"expérience"? Non. Je ne crois pas. Je crois que les autres choses qui m'entourent font partie de l'expérience, bien que j'en sois la partie la plus importante.*

MARK TWAIN

# RECOMMENCEMENT

Puis Dieu créa la femme à son image,
il la créa de terre,
de son idée d'elle-même il la créa :
Lilith,
dont les yeux sont comme un amour perdu
ou un amour ajourné.

Lilith, la chasseresse et la proie
qui endort les lions du roucoulement de ses seins,
qui, seule, édicte les lois et les viole à l'infini,
qui attache ses hommes puis pleure pour leur délivrance,
qui se tient au centre de la Terre
et la regarde tourner lentement autour d'elle,
qui s'empare du cyprès, du début de la nuit
et de la fin de la mer.

Lilith, que les mots ne nomment pas,
qui rêve son passé et pourchasse son avenir,
forte dans sa féminité, douce dans sa force
qui mange le ciel et boit la lune dans un bol de lait,
qui est un instant dans tes bras,
et l'instant d'après une ombre lointaine.

Lilith, dont la nudité
n'est vue que par ceux qui ne regardent point,
la libre, l'enchaînée
et la fuite des deux,
l'harmonie entre enfer et paradis,
le désir désiré.

Lilith, la tendre dans sa violence et la puissante écrasée
qui est pour chaque femme
qui est pour chaque homme
qui voit sans cueillir,
qui cueille sans gaspiller.

Lilith, qui trahit son genre
qui trahit
mais dont les coups de poignard
sont plus doux que mille caresses.

Lilith, la poétesse des démons et la démone des poètes
trouvez-la en moi, trouvez-la dans les rêves,
trouvez-la et prenez d'elle
ce que vous voulez,
prenez tout :
ce ne sera jamais assez.

# PILE OU FACE

*Hélas! Ce n'est pas l'enfant mais le garçon qui en général*
*survit en l'homme.*

ARTHUR HELPS

Il est des hommes qui disent à leur femme : "Je te respecte, je te soutiens, je suis solidaire de toi, je te protégerai aussi longtemps que tu vivras. Ainsi l'a voulu Dieu et c'est ton droit d'attendre tout cela de moi!" Mais ils confondent respect et condescendance, soutien et oppression. Quant à leur solidarité, ce n'est qu'une tape insultante sur l'épaule. Mais surtout, ils confondent les commandements de leur Dieu archaïque avec certains des droits de l'homme les plus élémentaires.

Il est des hommes qui prétendent respecter, soutenir, protéger leur femme, et se déclarent solidaires d'elles. Ils lui disent : "Je t'encourage à avoir une carrière pleine de succès, tes ambitions sont mes ambitions, ton accomplissement est pour moi source de fierté!" Mais si l'on creuse un peu, on comprend vite qu'ils sont convaincus que la femme ne travaille que pour tuer le temps. Ils risqueraient une attaque si elle rapportait plus d'argent qu'eux à la maison! Elle se voit souvent contrainte de mendier un peu de confiance ou d'approbation, comme un enfant qui cherche à attirer l'attention.

Il est des hommes qui prétendent encourager leur partenaire à s'engager dans une brillante carrière. Ils lui disent : "Ton intelligence aiguë, ta forte personnalité, ton caractère fougueux, tout cela me stimule. À quoi servirait ta beauté si tu n'étais qu'une poupée froide, insensible à mes paroles ? J'aime jusqu'à la façon dont tu me contredis ou me réprimande." En réalité, leur souhait est que leur partenaire soit moins intelligente et impétueuse, davantage passive et soumise.

Il est des hommes qui prétendent être stimulés par une intelligence vive, une forte personnalité et un caractère fougueux. Ils disent à leur femme : "J'aime ton appétit pour les choses du sexe, ton ardente libido. Tu vas au-devant de tous mes désirs, tu fais de notre lit un paradis de fantaisie." Mais ils ne supportent pas l'idée que vous ne soyez pas vierge lors de la nuit de noces, ils se sentent offensés si c'est vous qui prenez l'initiative, ils considèrent que leur honneur est indissociablement rattaché à ce que vous avez entre les cuisses.

Il est des hommes qui prétendent apprécier l'appétit sexuel de leur femme et son ardente libido. Ils lui disent : "Je ne supporte pas la jalousie, je la trouve injustifiable. Personne n'appartient à personne. Nous nous devons une confiance mutuelle." Mais, alors qu'ils ne voient aucun mal à baiser ou à épouser une autre femme, ils vous plaqueront, ils vous battront, voire, le cas échéant, ils vous tueront, si vous les trompez. Visiblement ce qui s'applique à eux n'est pas valable pour leur femme.

Il est des hommes qui prétendent ne pas supporter la jalousie et ne lui trouver aucune justification. Ils disent à leur femme : "Je ne me lasse pas de t'écouter. Promets-moi de toujours partager avec moi toutes tes craintes, tes sentiments, tes problèmes et tes soucis." Mais dès que leur femme ouvre la bouche, ils pensent en eux-mêmes "Mais quand donc prendra fin ce pénible torrent de confidences ?"

Il est des hommes qui prétendent ne pas se lasser d'écouter leur femme. Ils lui disent : "La satisfaction de tes désirs est ma priorité absolue. Je ne suis pas un égoïste, je ne veux pas être le seul à prendre du plaisir." Mais, bien souvent, ils tombent dans un profond sommeil à l'issue de leur chevauchée sexuelle, alors même que tu n'as pas encore commencé la tienne.

Il est des hommes qui prétendent mettre la satisfaction des désirs de leur femme au sommet de leurs priorités. Ils lui disent : "Je tiens compte de ta vulnérabilité. Tu n'es pas obligée de te montrer toujours forte et pleine d'assurance devant moi. N'aie pas peur d'ôter le masque et de révéler ta fragilité. Je t'aime autant désolée et éplorée que triomphante et victorieuse." Mais ils n'hésiteront pas, le cas échéant, à lui reprocher son manque d'assurance, et à lui reprocher ses points faibles.

Il est des hommes qui prétendent tenir compte de la vulnérabilité de leur femme. Ils lui disent : "Je t'aime comme tu es, ne change rien. J'adore le moindre détail de ta beauté naturelle, nul besoin d'apprêt." Mais quand cette femme "naturelle" parvient à se faufiler furtivement dans le secret des rêves masculins, elle voit apparaître d'autres femmes, des femmes qui ne lui ressemblent pas. Des femmes qui se satisfont d'être des poupées, des accessoires. Des femmes qui sont toujours prêtes à dire oui. Des femmes qui ne discutent pas, qui ne lancent pas de défi. Des femmes au corps artificiel et au regard vide. Des femmes qui naviguent en toute sérénité dans les eaux troubles de l'inconscient masculin. Des femmes-objets, errantes, satisfaites, intrépides, aseptisées, éternelles... et sans vie.

# LA GENÈSE, MAIS PAS COMME ILS AIMENT À CROIRE QUE ÇA S'EST PASSÉ

*Dans ma fin est mon commencement.*

T. S. ELIOT

Il y eut un soir, il y eut un matin. C'était le sixième jour et Dieu dit : "Nous allons créer l'homme, il régnera sur les poissons de la mer et sur les oiseaux du ciel, il régnera sur l'ensemble de la terre et sur toutes les créatures qui courent sur le sol." Et l'homme apparut. Et Dieu le nomma Adam. Dieu contempla sa créature, il se dit que cela était vraiment bon…

Il y avait quand même un problème : l'Homme était immortel et il n'aimait pas ça. Il n'était pas venu à l'idée de Dieu, lui qui était au moins éternel, que l'homme pouvait avoir besoin de limites. C'était pourtant le cas. Alors Dieu s'appuya contre un énorme rocher (celui qu'il avait créé le premier jour) et se pencha sérieusement sur la question. "Est-ce qu'il y a assez d'animaux ? Assez de plantes, de montagnes et de rivières ? Qu'est-ce que je pourrais créer de plus pour ne plus avoir cette créature énervante dans les pattes ?"

Alors Dieu, tout comme plus tard Archimède, s'écria : "Eurêka !" Il fallait procurer la mort à l'Homme. Et Dieu créa les cigarettes, les accidents de voiture, les tremblements de terre, et autres désagréments du même ordre. Il contempla ce qu'il avait fait et vit que cela était bon, de toute évidence.

Il y avait quand même encore un autre problème. L'Homme était intolérablement arrogant. Il n'était pas venu à l'idée de Dieu, lui qui était au moins le Seul et l'Unique, et qui entendait bien le rester, que l'Homme pouvait avoir besoin de prendre conscience de ses limites. C'était pourtant le cas. Alors Dieu plongea au fond de la mer bleue, cette mer qu'il avait créée le second jour et se pencha sur la question. "Cela ne suffit donc pas, ces animaux, ces plantes, ces montagnes, ces rivières et cette mort? Que faire pour ne plus avoir dans mes pattes cette créature agaçante?"

Et Dieu, pour la deuxième fois, s'écria "Eurêka!" Et il apprit la honte à l'Homme, il créa les miroirs. Il contempla ce qu'il avait fait et vit que cela était bon, de toute évidence.

Sauf qu'il y avait un troisième problème : l'Homme était gravement déprimé. Il n'était pas venu à l'idée de Dieu, lui qui est au moins aussi joyeux et optimiste que Bugs Bunny, que l'Homme pouvait avoir besoin de réconfort. C'était pourtant le cas. Alors Dieu alla se promener sur la Lune, la même qu'il avait créée au troisième jour, et se pencha sur la question. "Cela ne suffit donc pas, ces animaux, ces plantes, ces montagnes, ces rivières, cette mort et ces miroirs? Que faire pour ne plus avoir cette créature ronchonne dans mes pattes?"

Et Dieu, pour la troisième fois, s'écria "Eurêka!" Il offrit à l'Homme la consolation chimique, il créa le Prozac. Il contempla ce qu'il avait fait et vit que cela était bon, de toute évidence.

Sauf qu'il y avait un quatrième problème : l'Homme s'ennuyait. Il n'était pas venu à l'idée de Dieu, lui qui est au moins content de lui et autosuffisant, que l'Homme avait besoin de divertissement. C'était pourtant le cas. Alors Dieu enfourcha un zèbre, celui qu'il avait créé le quatrième jour, et se pencha sur la question. "Cela ne suffit donc pas, ces animaux, ces plantes, ces montagnes, ces rivières, cette mort, ces miroirs et ce Prozac? Que faire pour ne plus avoir dans mes pattes cette créature pleurnicheuse?"

Et Dieu, pour la quatrième fois, s'écria "Eurêka!" Il fallait trouver un jouet à l'Homme. Il ramassa un peu d'argile par terre (malheureusement pas suffisamment), la moula dans un tube et la colla à l'entrejambe de l'Homme. Il avait pensé astucieusement que, ainsi placé, le jouet serait facilement à portée de main. Dieu venait de créer le pénis. Il contempla ce qu'il avait fait et vit que cela était bon, de toute évidence.

Sauf qu'il y avait un cinquième problème : l'Homme était seul. Il n'était jamais venu à l'idée de Dieu, qui est pour le moins un adepte des plaisirs solitaires, que l'Homme pouvait avoir besoin de compagnie. C'était pourtant le cas. Et l'Homme ne se privait pas d'en rebattre les oreilles du Créateur : il soupirait la nuit, il grommelait le jour, il se plaignait vingt-quatre heures sur vingt-quatre. C'était insupportable. Alors Dieu s'assit sous un figuier (il l'avait créé le cinquième jour) et se pencha sur la question. "Cela ne suffit donc pas, ces animaux, ces plantes, ces montagnes, ces rivières, cette mort, ces miroirs, ce Prozac et ce pénis? Que faire pour ne plus avoir dans mes pattes cette exaspérante créature?"

Et Dieu, pour la cinquième fois, s'écria "Eurêka!" Il fallait trouver pour l'Homme, et pour son pénis, quelqu'un avec qui ils puissent jouer, quelqu'un à commander, quelqu'un qui puisse être méprisé, quelqu'un qui les serve, dont on puisse user et abuser. Et donc Dieu, au lieu de se reposer en ce septième jour, ainsi qu'il était censé le faire, fournit un dernier effort et créa la Femme. Il la créa à partir d'argile, ainsi qu'il l'avait fait pour l'Homme. Et il l'appela Lilith. Dieu contempla sa nouvelle créature et, étant donné ces courbes et le reste, il trouva, de toute évidence, qu'en vérité, cela était remarquablement bon.

Sauf un dernier gros problème : Lilith, contrairement à ce qui était prévu, ne fut en fait pas un jouet. Ou du moins, c'était un jouet à l'état de projet, mais raté. Elle se révéla être forte, indépendante, et sourde aux conneries que racontait l'Homme, comme d'ailleurs à celles que Dieu pouvait lui aussi raconter. C'était une partenaire qui n'entendait pas être traitée comme un accessoire. Et donc, après avoir épuisé les charmes des "Fais ceci, fais cela" imbéciles et injustifiés, elle décida de quitter ce prétendu paradis pour un endroit plus intéressant. Elle descendit sur Terre et commença à se reproduire.

Alors l'Homme revint vers Dieu en pleurnichant pour se plaindre de sa solitude. Alors Dieu fit une seconde tentative mais cette fois-ci, pour être bien sûr qu'elle soit soumise et obéissante, il créa une femme non pas à partir d'argile, mais à partir d'une côte de l'Homme. Comme un fragment de l'entité masculine. Comment aurait-elle pu, dans ces conditions, ne pas être docile et complaisante envers son "maître"? C'est ainsi que Dieu créa Ève.

À compter de ce jour, ce fut la fin de l'Homme et de la Femme, et le commencement d'un absurde dysfonctionnement qu'on appela "la guerre des sexes".

# III

# COMMENT TOUT A COMMENCÉ
# (POUR MOI)

*Le paradoxe de l'amour réside en ce que deux êtres deviennent un et pourtant restent deux.*

Erich Fromm

## UNE MÉTAPHORE DE L'AMOUR

L'amour est glissant comme un poisson
même s'il sent meilleur.

L'amour est glissant comme un poisson.
Chaque fois que tu crois le tenir,
il s'échappe.
Et s'il finit par se tenir tranquille dans ta main,
ne pousse pas un soupir de soulagement.
Cela veut simplement dire
qu'il est mort.

# SANS CESSE

*Ce ne sont pas les hommes qui comptent dans ma vie, mais la vie qu'il y a dans mes hommes.*

Je suis une fois tombée amoureuse d'un type parce qu'il me traitait comme une reine.
Mais j'ai perdu cet amour parce qu'il n'était pas roi.

Je suis une fois tombée amoureuse d'un type parce qu'il me faisait rire.
Mais j'ai perdu cet amour parce qu'il ne buvait pas mes larmes quand je pleurais.

Je suis une fois tombée amoureuse d'un type parce qu'il était beau parleur.
Mais j'ai perdu cet amour parce qu'il parlait beaucoup mais ne disait rien.

Je suis une fois tombée amoureuse d'un type parce qu'il me transportait sur la lune.
Mais j'ai perdu cet amour parce qu'il ne savait pas me ramener sur terre.

Je suis une fois tombée amoureuse d'un type parce que j'aimais coucher avec lui.

Mais j'ai perdu cet amour parce que je n'aimais pas coucher à côté de lui.

Je suis une fois tombée amoureuse d'un type parce que j'avais le béguin pour lui.

Mais j'ai perdu cet amour parce qu'il avait le béguin pour lui-même.

Je suis une fois tombée amoureuse d'un type parce qu'il avait fait quelque chose de bien.

Mais j'ai perdu cet amour parce qu'il faisait tout le reste de travers.

Je suis une fois tombée amoureuse d'un type parce qu'il savait caresser mon corps.

Mais j'ai perdu cet amour parce qu'il ne savait pas caresser mon âme.

Je suis une fois tombée amoureuse d'un type parce qu'il savait caresser mon âme.

Mais j'ai perdu cet amour parce qu'il ne savait pas caresser mon corps.

Je suis une fois tombée amoureuse d'un type parce que je me sentais à l'aise avec lui.

Mais j'ai perdu cet amour parce que je me sentais trop à l'aise.

Je suis une fois tombée amoureuse d'un type parce qu'il était élégant et cultivé.

Mais j'ai perdu cet amour parce qu'il se vantait de son élégance et de sa culture.

Je suis une fois tombée amoureuse d'un type parce qu'il me faisait rêver à lui.
Mais j'ai perdu cet amour parce que j'en eus assez de rêver.

Je suis une fois tombée amoureuse d'un type parce qu'il avait su comment s'infiltrer dans mon existence.
Mais j'ai perdu cet amour parce qu'il n'a pas su quand il fallait partir.

Je suis une fois tombée amoureuse d'un type parce qu'il était mignon et sexy.
Mais j'ai perdu cet amour parce qu'il se trouvait lui aussi mignon et sexy.

Je suis une fois tombée amoureuse d'un type parce qu'il m'écrivait de jolies lettres.
Mais j'ai perdu cet amour parce que ses mots restaient des mots.

Je suis une fois tombée amoureuse d'un type parce qu'il me respectait.
Mais j'ai perdu cet amour parce qu'il ne se respectait pas.

Je suis une fois tombée amoureuse d'un type parce qu'il était parfait.
Mais j'ai perdu cet amour parce qu'il était parfait.


Sans cesse,
Feu après feu,

Sans cesse,
Cendres après cendres,
Celui qui entretiendra ma flamme
Reste à inventer.
Celui qui entretiendra ma flamme
Reste à trouver.

# RENCONTRES RAPPROCHÉES AVEC L'AUTRE SEXE

*Toutes les femmes deviennent comme leur mère. C'est leur*
*tragédie. Et aucun homme. C'est la leur.*

OSCAR WILDE

Il ressemblait un peu à Tintin, le fameux personnage de bande dessinée belge. Il avait les traits délicats, un petit nez effronté et le regard malicieux. Nous avions tous deux sept ans lorsqu'il s'inscrivit dans mon école catholique pour filles. Un des trois garçons du voisinage dont les parents avaient réussi à convaincre les nonnes de les accepter comme élèves. Leur argument étant qu'un garçon de cet âge ne pouvait guère représenter une menace sérieuse pour la vertu des petites filles. Mais sait-on jamais?

J'aimai tout de suite Jacques. Et je compris qu'il m'aimait en retour. Il ne me parlait presque jamais mais il saisissait toutes les occasions de me tirer les cheveux et s'enfuir aussitôt. Cela faisait souvent mal, au point de me tirer des larmes, mais je l'en aimais encore davantage. Plus il tirait fort, plus je l'aimais et plus j'étais sûre qu'il m'aimait. J'en avais une conviction innée et tout intuitive car à l'époque, évidemment, je ne connaissais rien des règles qui régissent les relations humaines. Il m'aurait été tout à fait impossible d'analyser son comportement de la façon suivante : "Il me tire les cheveux parce qu'il est frustré. Il est frustré parce qu'il m'aime bien et que cela l'effraie." Je découvris plus tard qu'il s'agissait là d'un archétype du comportement masculin, si tant est qu'il en existe, et qu'il y avait bien des manières différentes de tirer les cheveux des femmes.

"Je veux épouser ce type!" disais-je à ma mère chaque fois que, de notre balcon, nous voyions passer, quinze mètres plus bas, un jeune voisin plutôt mince et élancé. Je ne connaissais pas son nom mais je voulais l'épouser! Je n'avais pas plus de neuf ans mais je voulais l'épouser! Les étranges agissements et les curieuses attitudes de sa fille restaient pour ma mère un mystère, même si elle commençait un peu à s'habituer. Elle eut un jour l'idée abominable, alors que je l'accompagnais dans la rue, d'aborder ce jeune homme et de lui raconter mon caprice à son sujet. "Mais comme c'est mignon!" dit-il, en me pinçant une joue cramoisie. J'aurais voulu mourir sur place. Je me mis à le haïr immédiatement et arrêtai de dire à ma mère que je voulais l'épouser. Cela la rendit perplexe. Mais un jour, comme elle me demandait pour la centième fois la raison de ce comportement, je lui répondis que c'était parce que, maintenant, il n'était plus dans le lointain. Évidemment, elle ne pouvait pas comprendre. Moi non plus, je ne comprenais pas, mais c'était ce que je ressentais. Je voulais l'homme du lointain, l'homme inaccessible. Fondamentalement, c'était un rêve.

Cet épisode fut presque concomitant avec l'apparition de mes cauchemars d'enfance récurrents. J'étais dans mon petit lit de bois blanc. Soudain, on jetait ce lit du cinquième étage. Je voyais le lit, et moi allongée dedans, tomber à la verticale, lentement jusqu'au sol, puis remonter jusqu'au cinquième étage et reprendre sa place dans ma chambre. Mais pas pour longtemps. Une force mystérieuse le jetait de nouveau, encore et encore, comme si j'étais en même temps Sisyphe et son rocher.

Ces cauchemars représentaient-ils une allégorie de mon âme agitée ? Une âme au bord du précipice, pour toujours ? Une âme qui ne peut se fixer, toujours en quête de commencements, qui n'arrête pas de tout recommencer à zéro, qui aspire à l'inaccessible ? Étais-je l'illustration de cette phrase du poète français André Breton : "Toute ma vie durant, mon cœur a désiré une chose que je ne peux nommer" ? Peut-être bien, mais c'était extrêmement perturbant pour la petite fille que j'étais alors.

Ce qui est certain en tout cas, c'est que ces rêves constituaient sans aucun doute une parabole anticipée de mes relations avec les hommes : construire, détruire, reconstruire. Construire, détruire, reconstruire. Encore et encore, jusqu'à ce que l'un de nous deux soit usé jusqu'à la corde, jusqu'à ce que l'un de nous deux capitule devant l'impossibilité de poursuivre la route. Serait-ce le cycle de la vie ? Plutôt une vie faite de cycles, un cœur fait de cycles, une volonté faite de cycles. Pas de mort à la fin, mais pas de fin non plus. Pas de réalité médiocre, mais pas de réalité non plus.

Le point culminant fut atteint lors de mes douze ans, avec la découverte scandaleuse des écrits du marquis de Sade, à quoi vint s'ajouter la dégradation du couple de mes parents, cause de disputes journalières. C'est alors que je commençai fermement à croire que, contre toute attente, et en dépit de l'avis de jeunes filles éthérées, l'homme idéal n'existait pas, il n'y avait que l'homme idéal du moment. Pas de chevalier à l'armure étincelante, pas de prince charmant, pas de "et ils vécurent heureux à jamais".

*Carpe diem.* Toute chose a sa date de péremption. Même les relations humaines. Il aurait été difficile de trouver une adolescente plus cynique et plus désenchantée. Vous voulez connaître mes livres de chevet de l'époque? *La Philosophie dans le boudoir* et *La Vénus à la fourrure.*

À cause de cela, je passai la plus grande partie de ma vie d'adulte à tourner en rond. J'ai été en première ligne sur bien des sujets, mais pas pour ce qui concerne les sentiments. Sur ce sujet, j'étais plutôt la reine des plans B.

Je n'ai jamais pu mener un plan A à terme. Je partais du principe que ça ne marcherait pas et je passais au plan B. Et si ça ne marchait pas non plus, ça n'était pas bien grave, il restait le plan C. Oui, j'étais la reine des plans B, C, D...

Mes amis me trouvaient pleine de sagesse, visionnaire, sur le qui-vive, clairvoyante et sceptique. Une vraie garce qui tournait le dos aux hommes sans le moindre regard. Maintenant, j'ai quand même l'impression que ce n'était que par lâcheté. C'était comme si je tenais une grenade à la main et que cette grenade c'était moi-même. J'espérais qu'elle n'allait pas m'exploser un jour à la figure. Ou, pour le dire autrement, c'était comme si j'utilisais toujours les sorties de secours alors qu'il n'y avait pas le feu.

\*

Et bien sûr, le fait que j'épouse à vingt ans quelqu'un que j'avais rencontré quand j'avais seulement seize ans n'arrangea rien. Le mariage était pour moi la seule possibilité de sortir du cocon familial et de pouvoir devenir un jour mon propre maître. Le fait que j'arrive vierge au mariage (quelle honte!) n'arrangea rien non plus, pas plus que le manque de déclic sexuel entre lui et moi. On ne devrait pas se marier avant d'avoir fait ses expériences avec un partenaire qu'on ait choisi soi-même. (En fait, mieux vaudrait ne pas se marier du tout mais je traiterai le sujet plus loin.) Peut-être que, pour beaucoup, j'enfonce une porte ouverte en prêchant les relations sexuelles avant le mariage, mais ça n'avait rien d'évident au Liban dans les années 1980. Et d'ailleurs, c'est toujours foutrement la même chose aujourd'hui. Dans un reportage récent sur Beyrouth, dirigé par une réalisatrice vivant à Londres (Amanda Homsi-Ottosson, Black Unicorn Productions), la plupart des gars d'environ vingt ans à qui on demande s'ils accepteraient d'épouser une fille qui ne soit pas vierge répondent non. Et cette étude portait sur un groupe d'étudiants, en 2011, dans ce pays qu'on dit être la Suisse du Moyen-Orient!

Après ces premières expériences malheureuses, mon mari et moi-même nous tournâmes vers des relations adultérines, aussi chroniques qu'insatisfaisantes, dans une recherche effrénée de l'herbe toujours plus verte ailleurs. Comme on peut s'en douter, je n'aime guère le mot adultère à cause de sa connotation religieuse (j'aime mieux la notion d'amant à répétition), mais ça ne me dérange pas de l'utiliser, ne serait-ce que pour voir tant d'Arabes pleins de préjugés rouler des yeux. Vous savez, nous sommes connus pour lapider (littéralement ou métaphoriquement) les femmes coupables d'adultère et féliciter les hommes coupables des mêmes faits. C'est l'opposition entre la putain et Casanova. Qu'importe si chacun le fait en cachette et le désavoue en public. Qu'importe si cette double vie constitue pour nombre de couples une solution commode pour éviter les écueils d'un divorce religieux ou la mise en péril de leur statut social. Et ça marche du tonnerre! J'ai toujours considéré que l'ostracisme dont je suis l'objet dans cette société bidon est la meilleure chose qui puisse m'arriver. Il faut reconnaître que je n'ai rien fait pour l'éviter. Je me suis débattue pour pouvoir vivre en accord avec moi-même et avec mes idées plutôt que de me conformer à la vision que les autres pouvaient avoir de moi.

Ma conscience de moi-même n'a jamais dépendu de ce que pouvaient penser de moi ma famille, mes amis, les hommes en général, ou la société. J'ai toujours farouchement évité de jauger ma valeur dans le regard des autres parce que c'est cela, le véritable adultère : c'est se trahir soi-même. Comme l'écrit mon cher marquis : "Ma façon de penser, dites-vous, ne peut être approuvée. Eh, que m'importe! Bien fou est celui qui adopte une façon de penser pour les autres!"

*

À un moment donné, j'en eus clairement assez de cette double vie, je décidai qu'il était temps pour moi d'assumer la vérité et de considérer le divorce comme la part de risque inhérente à tout mariage. C'est dans l'ordre des choses, à part quelques exceptions qui ne font que confirmer la règle. Et tant pis si les gens de mon pays regardent les femmes divorcées avec condescendance. Pour eux, qu'ils fassent preuve d'irrespect, de sectarisme ou de pitié, c'est toujours la faute de la femme quand un mariage tourne mal. J'en avais aussi assez de feindre l'orgasme pour rassurer les hommes auxquels je me donnais. Je fais l'amour pour moi, autant, sinon plus, que pour eux. S'ils veulent vraiment être rassurés, ils n'ont qu'à vraiment me plaire. La récompense doit être chèrement acquise, pour les deux.

J'ai connu bien des hommes au cours de cette recherche aveugle, des grands, des petits, des gros, des minces, des vieux, des jeunes, des drôles, des sérieux, des gars sympas, des sales types, des bosseurs, des paresseux, des créatifs, des pragmatiques, des bavards, des taiseux, des dandys, des hippies, des souriants, des renfrognés, des rapides, des lents, des dépravés, des défavorisés, des belliqueux, des courtois, des fous furieux, des tranquilles, des ambitieux, des désespérés...

Chaque fois, j'étais capable de deviner la façon dont chacun d'entre eux allait me décevoir. Un mécanisme d'autodéfense contre la peur de l'attachement, de l'intimité, de l'engagement, tous les psychologues vous le diront. Chaque fois, je finissais par découvrir que ces hommes étaient de véritables ennemis. Non pas mes ennemis à moi, non. Mais leur propre ennemi. C'est pourquoi c'était si facile de passer son chemin.

Mais comment donc, en réalité, les hommes pourraient-ils ne pas être leur propre ennemi? Depuis la plus tendre enfance, nos attentes envers eux, qu'elles soient ridicules ou effrayantes, sont si nombreuses. Sans parler de notre horrible propension à mettre des conditions dans nos espérances (bleu ou rose, fort ou faible, actif ou soumis, chasseur ou gibier, donneur ou receveur...). On leur met une telle pression qu'ils ne peuvent plus oser la moindre fantaisie : "Les garçons sont solides, ils ne pleurent pas. Les garçons ne peuvent pas perdre, ils n'ont peur de rien. Les garçons font la guerre. Les garçons doivent bander comme des fous quand l'occasion se présente. Les garçons ne s'attachent pas. Les garçons doivent toujours prouver leur virilité!" Et quelle est donc la première caractéristique de la virilité? C'est l'absence de sensibilité, bien sûr!

Pourtant, les garçons ont vraiment peur, ils sont sensibles, c'est cela la vérité. Et ils ont tout à fait le droit d'avoir peur, ils devraient assumer leur sensibilité et rejeter l'idéal contreproductif que représente Superman. Ce n'est que comme ça que peut survenir un changement dans nos relations sociales, il faut casser les moules et les archétypes.

Les femmes devraient se considérer comme aussi compétentes et influentes, au lieu de se poser en victimes. Les hommes devraient se considérer comme des humains, comme des êtres humains : vulnérables, d'authentiques antihéros, surtout pas d'invincibles champions.

Malheureusement, nous savons toutes que, en ce bas monde, les types sensibles ne traitent les femmes convenablement que pour mieux les soumettre à leur grosse bite de macho et qu'ils finissent par les considérer comme de la merde. Je parle de femmes éduquées, libérées, qui ont chez elles de bons gars sensibles, que ce soient des copains, des amants, des maris. Il y a quand même quelque chose de gravement atteint dans la psychologie féminine pour que ces abrutis de surhommes arrivent toujours à se fournir en femelles disponibles et consentantes. Loïs Lane n'est qu'un échantillon d'un modèle très courant chez les femmes. Et c'est bien pour ça que les femmes ont elles aussi leur rôle à jouer si l'on veut que ça change. Tout ça me fait penser à la manière dont nous, les femmes, sommes éduquées, voire dressées, consciemment ou inconsciemment (mais qu'est-ce que ça change?), à admirer nos persécuteurs, à les aimer, à les rechercher. C'est là que commence le fameux syndrome de Stockholm. Je pense à la façon dont moi, par exemple, je pouvais éprouver une embarrassante attirance sexuelle envers des mâles uniquement conduits par leur ego de prédateur, alors que c'était le type d'homme que je détestais quand j'écoutais mon cerveau plutôt que ma libido. Il y avait un certain côté de l'arrogance masculine qui m'attirait. Je n'ai pas honte d'admettre que j'apprécie encore, à l'occasion, un brin de cette même arrogance, pourvu que cela ne dépasse pas les limites de mon propre ego et de ma dignité. Je pense aussi aux tendances masochistes, et à la façon dont elles peuvent détruire une relation humaine, parfois même une vie tout entière, lorsqu'elles deviennent une part intégrante d'un schéma émotionnel destructeur, plutôt que de rester au simple rang de jeu sexuel entre deux adultes consentants.

Sur ce sujet, il ne m'est pas facile d'expliquer pourquoi le marquis de Sade me passionne tant, mais c'est bien lui qui m'a libérée en tant qu'écrivain, qui m'a appris à ne pas faire, en matière sexuelle, de différence entre comportements normaux ou anormaux. Tout cela est devenu une part importante de ma philosophie de la vie et de mon travail d'écrivain. Pourtant, beaucoup de gens estiment que l'attrait qu'il exerce sur moi constitue une aberration. N'est-il pas considéré comme l'écrivain misogyne par excellence ? J'ai choisi de ne pas voir le misogyne en lui. Pour moi, il ne saurait être réduit à quelqu'un qui hait les femmes de façon obsessionnelle et qui prend du plaisir à les torturer sur le papier. C'était un aventurier intrépide de l'âme humaine. Il est allé plus loin que quiconque, y compris jusqu'à ce jour. D'ailleurs, je considère que l'imagination érotique ne dépend pas (et ne doit pas dépendre) du genre masculin ou féminin. Le principe d'égalité entre hommes et femmes peut, lorsqu'il est appliqué dans le domaine du sexe, devenir un fardeau ou un facteur d'inhibition. En tout cas, il ne saurait constituer le seul chemin vers l'excitation sexuelle. C'est pourquoi bien des femmes fortes et accomplies pratiquent des jeux sexuels incluant la soumission et les pratiques sadomasochistes, et prennent plaisir à s'abandonner. Il s'agit d'un besoin érotique d'aller au-delà de la volonté et de la pensée. Au lit, pour deux adultes consentants, les expressions "politiquement correct", "discriminatoire" ou "pas autorisé" n'ont pas leur place, à condition que cela ne sorte pas de ce cadre et que chacun, homme et femme, comprenne bien que tout ce qui se passe au lit doit y rester.

*

Pour ne rien arranger, lorsque je rencontrais certains de ces héros autoproclamés ou de ces lâches non assumés, j'étais dégoûtée, corps et esprit, par toutes les affreuses discriminations dont j'étais le témoin presque partout dans mon entourage. Mais je m'en accommodais, je m'accommodais de ces types. Pas de grandes espérances, donc pas de désillusions. C'est une formule sans risque, non ?

Pourtant, dès que j'atteignis mes quarante ans (peut-être serait-il plus juste de dire "dès que mes quarante ans m'atteignirent"), je me dis : "Voilà quarante ans que je suis à la diète ! Où est-il donc ce foutu démon de la tentation ?" À l'aube de la quarantaine, les mêmes formules me rendaient malade. J'en avais assez de l'homme idéal "du moment". Je commençai à rêver d'un saut dangereux dans l'inconnu. J'aspirais à rencontrer l'homme du pour toujours. C'est alors que je décidai de ne plus succomber aux désillusions avant même de commencer une relation. Je décidai que, entre négligence et insouciance, il y avait un abîme qu'il me fallait franchir, quoiqu'il m'en coûte. Je décidai qu'il valait mieux regretter les choses qu'on faisait plutôt que celles qu'on ne faisait pas. Je décidai aussi d'arrêter les délits de fuite. Maintenant, je voulais me battre et en supporter les conséquences, plaider coupable, les yeux grands ouverts.

Il ne fallut pas beaucoup d'hommes pour me montrer que je faisais fausse route, mais un seul. C'était déjà beaucoup, l'unique, le seul à pouvoir saboter sans le vouloir mon sabotage programmé.

Mais ne sommes-nous pas censés perdre nos illusions en prenant de l'âge ? Suis-je en train de régresser dans mon chemin vers l'état d'adulte ? Il doit s'agir de cela, ou alors ce sont les contes de fées et notre fatale faiblesse humaine. Un peu schizophrénique, surtout pour une Libanaise. Nous avons hérité de ça, avec tout le reste.

*

Après ma première phase de cynisme, j'en suis venue à penser la chose suivante : nous ne sommes que des moitiés, au mieux, parfois seulement des morceaux ou des fragments. Et la question n'est pas "Où est l'autre moitié ?" mais "L'autre moitié existe-t-elle ?" Y croyons-nous vraiment, arrivons-nous à nous l'imaginer ? Ou bien préférons-nous ne pas voir ? Préférons-nous la sécurité aux tourments ? Il doit bien exister une troisième possibilité. Il le faut.

Ne vous méprenez pas, je ne tourne pas au romantisme ramolli. Je suis toujours à la recherche de mon marquis de Sade. Mais maintenant, je veux tomber amoureuse de lui. Et, comme je me connais, j'ajouterais volontiers pour plus de quinze jours.

# IV

# LA DÉSASTREUSE INVENTION DU MONOTHÉISME

*Le véritable axe du mal, c'est la chrétienté, le judaïsme et l'islam. La religion organisée est la principale source de haine dans le monde : elle est violente, irrationnelle, intolérante, alliée au racisme, au tribalisme, et à la bigoterie ; elle est investie dans l'ignorance et hostile au libre questionnement, méprise les femmes et contraint les enfants.*

CHRISTOPHER HITCHENS

# RENDRE GRÂCE

Merci mon Dieu
pour le tsunami en Indonésie,
pour l'ouragan Katrina,
et pour le récent tremblement de terre au Japon.

Merci pour la Première Guerre mondiale,
pour la Deuxième Guerre mondiale,
et la suite que tu nous prépares pour Noël prochain,
quelle qu'elle soit.

Merci mon Dieu
pour les bébés qui meurent à cause de la faim en Afrique,
pour les bébés qui meurent à cause de la haine en Palestine.

Merci pour George W. Bush, pour Mahmoud Ahmadinejad,
et pour le charmant Adolf Hitler.

Merci pour les éruptions volcaniques, les cyclones, les
météorites,
pour Hiroshima, pour Tchernobyl et pour le massacre
de Qana ;

pour le sida, le cancer et la maladie de Parkinson.
Merci mon Dieu
pour la cécité, les accidents de la route,
pour les racistes, les violeurs et les pédophiles.

Et merci pour les bonnes sœurs
et merci pour les prêtres
et merci pour les ayatollahs
et merci pour les wahhabites.

Merci pour le choléra et les accidents d'avion,
pour les orphelins, les veuves et les enfants mendiants.
Merci pour les champs de mines
et pour tous ces jouets extraordinaires
de destruction massive.

Ah! Et avant que j'oublie :
merci, merci pour les trous dans la couche d'ozone.
(J'avais terriblement envie d'un bronzage plus intense.)

Et puis, merci mon Dieu pour al-Qaida,
pour la burqa et pour *Playboy*,
merci pour les femmes opprimées, pour les crimes d'hon-
    neur,
pour la vengeance et pour l'injustice.

Merci pour les cœurs brisés, pour les trahisons et les
    désillusions,
pour les faux serments et les rêves volés.
Merci pour les cauchemars
et pour les vies qui leur ressemblent.

Merci pour les gens bornés,
pour ceux qui sont stupides, ceux qui sont cruels.
Merci pour les coups de poignard dans le dos, pour les
    femmes battues,
pour les requins de Wall Street et les tueurs en série.

Merci pour les cafards et les dictateurs ;
c'est tellement agréable de savoir qu'ils survivent aux
    bombes nucléaires.

Merci mon Dieu
pour le jour du Jugement dernier, pour les fast-foods,
pour les poils et les petits pénis.
Et merci pour le mariage et merci pour l'enfer :
les deux vont si bien ensemble.

Mais par-dessus tout, mon cher Dieu,
merci pour Dieu.
Car parmi tous les désastres que tu as engendrés,
ton coup de maître,
c'est TOI !

## POURQUOI PAS

*Je ne puis croire en un dieu qui voudrait qu'on le loue sans cesse.*

FRIEDRICH NIETZSCHE

Je ne crois pas en Dieu, parce que je préfère être menottée par mon amant que par une illusion.

Je ne crois pas en Dieu, parce que j'aime mieux trébucher et marcher en boitant qu'utiliser des béquilles surfaites.

Je ne crois pas en Dieu, parce que j'aime inventer mes propres règles, quitte à les renier.

Je ne crois pas en Dieu, parce que je ne veux pas d'un Grand Frère pour me surveiller.

Je ne crois pas en Dieu, parce que je voudrais être bonne par amour de la bonté, et non pas dans l'espoir de quelque récompense posthume.

Je ne crois pas en Dieu, parce que je voudrais m'éloigner du mal du simple fait de ma nature humaine, et non pas à cause de la crainte d'aller griller en enfer.

Je ne crois pas en Dieu, parce que je ne suis pas experte en monologues et autres conversations à sens unique.

Je ne crois pas en Dieu, parce que je préfère les inventions qui améliorent l'existence.

Je ne crois pas en Dieu, parce que je ne veux pas remettre à plus tard l'enfer ou le paradis : je préfère les expérimenter ici et maintenant.

Je ne crois pas en Dieu, parce que, s'il existe vraiment, si tout ce qui arrive sur terre est conforme à sa volonté, alors il ne mérite finalement pas ma foi.

Je ne crois pas en Dieu, parce que je suis une femme et qu'il a choisi de voir en moi une côte et pas une entité en soi.

Je ne crois pas en Dieu, parce que j'ai appris à me féliciter et à me menacer du doigt toute seule.

Je ne crois pas en Dieu, parce que, pour quelqu'un de tout-puissant, il s'y est pris comme un manche pour choisir ses représentants.

Je ne crois pas en Dieu, parce que je sais parfaitement tout foutre en l'air sans l'aide de personne.

Je ne crois pas en Dieu, parce que je milite pour la liberté, pour le libre arbitre, plutôt que pour l'intimidation et les dessous-de-table.

Je ne crois pas en Dieu, parce que chaque enfant qui souffre sur cette planète m'empêche toujours plus fort de croire en lui.

Je ne crois pas en Dieu, parce qu'il a besoin d'être craint et adoré, ce qui montre bien l'étendue de son manque de confiance en lui-même.

Je ne crois pas en Dieu, parce que je suis mon propre dieu. Et que je ferais mieux de croire en moi-même.

# TU NE CONVOITERAS NI LA FEMME DE TON VOISIN NI SON ÂNE

*C'est bon, alors j'irai en enfer.*

MARK TWAIN

Entre ma mère qui me traînait à la messe chaque dimanche matin et cette escouade de religieuses qui nous traînaient à la messe tous les mercredis après-midi, lorsque nous étions étudiantes, je me retrouvais coincée dans un piège étouffant de sainte béatitude. Je connaissais la liturgie catholique et tous ses rites par cœur (je m'en souviens encore). Mais c'était loin de suffire pour faire de la fille malicieuse que j'étais une dévote fervente.

À l'école, je profitais de la messe pour réviser mes cours ou pour lire mes livres préférés. Chaque fois que je le pouvais, je choisissais dans l'église un petit coin tranquille, comme si je voulais mener ma méditation spirituelle ou mes actes de contrition (j'aurais bien eu besoin de ces derniers) dans les meilleures conditions. Puis, je cachais un bon roman dans le gros livre de prières qu'on nous donnait pour pouvoir suivre la cérémonie, je marmonnais entre mes lèvres les paroles sacrées, comme un robot, tout en lisant attentivement. (L'art de faire plusieurs choses à la fois est décidément l'apanage des femmes.) À l'âge de treize ans, mon plaisir suprême consistait à lire des livres de débauche pendant la messe. (L'art de la transgression n'est-il pas l'apanage du catholicisme ?) En fait, chaque fois que je dénichais un "mauvais" livre dans la bibliothèque de mon père, je le mettais de côté pour mes lectures à l'église. Quelle douce revanche !

Lors des confessions, je m'amusais beaucoup à inventer des péchés. J'y trouvais un excellent moyen pour stimuler mon imagination. Ce ne devait pas être du gâteau pour ce pauvre prêtre d'écouter chaque semaine mes fantasmes délirants ! Une fois, alors que je venais juste de terminer *Emmanuelle* d'Emmanuelle Arsan, j'allai lui raconter que j'avais embrassé une de mes camarades de classe sur les lèvres (j'avoue avec tristesse que c'était pure invention). Je sentis sa respiration devenir plus lourde et s'accélérer au fur et à mesure que j'inventais les détails selon lesquels le diable soumettait à la tentation la chaste fillette de quatorze ans que j'étais. Une autre fois, je lui confessai que je me posais des questions au sujet du mal. Comme il me demandait lesquelles, je lui répondis : "Est-ce que les religieuses se masturbent ? Et si oui, est-ce considéré comme une violation du vœu de chasteté ?" Malgré l'écran à claire-voie qui nous séparait, je le vis presque bondir de sa chaise. Je ne me rappelle plus quelle fut sa réponse, ni combien de "Je vous salue Marie" je dus réciter pour obtenir le pardon convoité, mais j'avais bien du mal à ne pas éclater de rire.

Bénis-moi, mon père, car je n'ai pas encore assez péché… à ce jour.

*

Ces histoires de confession me donnent l'occasion de rafraîchir votre mémoire sur ce qui suit :

1. "En effet, l'homme n'a pas été tiré de la femme, mais la femme a été tirée de l'homme ; et l'homme n'a pas été

créé à cause de la femme, mais la femme a été créée à cause de l'homme." (Nouveau Testament. I Corinthiens 11, 8-9.)

2. Béni sois-tu, Roi de l'Univers, de ne pas m'avoir fait femme. (Siddour, livre de prières juif.)

3. "Les hommes ont autorité sur les femmes, en raison des faveurs qu'Allah accorde à ceux-là sur celles-ci, et aussi à cause des dépenses qu'ils font de leurs biens. Les femmes vertueuses sont obéissantes (à leurs maris), et protègent ce qui doit être protégé, pendant l'absence de leurs époux, avec la protection d'Allah. Et quant à celles dont vous craignez la désobéissance, exhortez-les, éloignez-vous d'elles dans leurs lits et frappez-les." (Coran, sourate 4, 34.)

Ces citations sont tirées de livres très connus, qui nous sont, pour la plupart d'entre nous, familiers. Ce sont des livres qui exaltent les trois religions monothéistes, et qui, comme nous venons de le voir, rivalisent d'ardeur dans leur soutien aux archétypes patriarcaux. La femme y est humiliée, ravalée au rang de propriété de l'homme qui l'opprime.

On me dira : "Ce ne sont que des citations isolées du contexte. Il est scientifiquement incorrect et intellectuellement malhonnête de tirer des généralités à partir de détails." À cela, je répondrai : "Vous avez raison. Mais une lecture méticuleuse de ces livres, et aussi d'autres livres, montrera que l'enseignement qui y est contenu révèle, dans le meilleur des cas, une certaine indulgence ou tolérance envers les femmes (ils appellent cela du respect), mais une indulgence et une tolérance qui n'annulent pas du tout l'arrogance des citations ci-dessus, car, en fait, elles proviennent d'une insultante conviction de supériorité. C'est de la discrimination pure et dure."

D'autres diront : "Ces livres sont très anciens. Ils sont le reflet d'un contexte social bien différent, dans lequel ce genre de discours pouvait, d'une certaine façon, s'admettre." Je leur dirai : "Très bien! Passons sur le côté fallacieux de ce sophisme, admettons la légitimité de votre objection, faisons-nous l'avocat du diable. Mais si ce que vous dites est vrai, alors, comment se fait-il que ces livres continuent, au XXIᵉ siècle, à dicter les comportements, les pensées, et le mode de vie de tant de gens? Pourquoi ces textes restent-ils, aujourd'hui encore, intouchables? Y a-t-il eu le moindre effort de fait pour réformer vraiment l'image de la femme dans les religions monothéistes, pour lui rendre sa dignité, pour en faire l'égale de l'homme, et pas seulement en paroles, mais aussi, et surtout, dans les actes?"

Tout cela vous semble trop vague? Eh bien, prenez-moi comme exemple et laissez-moi poser cette question : je suis une femme libanaise, mais suis-je une citoyenne libanaise? Eh bien non! Pas tant que la religion qu'on m'a transmise à la naissance (aucun des deux n'a choisi l'autre) continuera à régner sur moi, sur mes affaires, sur mon statut et sur mon existence, et ce du berceau à la tombe. Non, puisque je suis recensée officiellement comme catholique, que je me suis mariée la première fois à l'église catholique et que mes enfants sont considérés avant tout comme des catholiques. Non! Pas tant que je ne pourrai pas emmener mes enfants à l'étranger sans l'autorisation de leur père, alors que lui peut quitter le pays avec eux sans ma permission. Non, pas tant que notre Assemblée restera presque fermée aux femmes, pas tant que les femmes libanaises se verront refuser le droit de donner leur nationalité à leurs enfants et à leurs conjoints. Non, pas tant que les responsables politiques et religieux refuseront de criminaliser le viol marital. Ils disent que cette chose n'existe pas ! (Ce qui signifie que l'homme a parfaitement le droit de disposer du corps de sa femme quand cela lui convient, et de la façon qui lui plaît.)

Nous, les Libanais, nous ne serons pas des citoyens, tant que nous nous permettrons de demander aux autres quelle est leur religion. Tant que nous continuerons à propager le sectarisme, à mépriser l'autre (mais qui est cet autre ?), à pratiquer le chauvinisme et la discrimination. Tant que nous resterons un conglomérat de confessions religieuses plutôt qu'une nation. Tant que la vie politique du pays continuera à dépendre de l'appartenance religieuse de ses leaders. Tant que nous garderons cette loi, datant de l'âge de pierre, qui permet d'emprisonner un homosexuel uniquement à cause d'un choix sexuel que la religion réprouve. Tant que ce qui fut une oasis, dans les années 1950 et 1960, pour la liberté d'opposition restera l'oasis des tyrans qu'il est devenu. Tant que les gens resteront obligés d'aller à Chypre s'ils veulent se marier civilement. Notre loi reconnaît ce type de mariage (et les agences de voyages en font la promotion sur leurs panneaux d'affichage) mais sur place, la possibilité n'existe pas. C'est l'un des effets de la grande hypocrisie que nous endurons, et dont je pourrais donner des exemples à l'infini.

Que la honte soit sur ce pays, qui prétend être une république démocratique, mais dont la société civile reste sous la coupe des lois et des leaders religieux. Et ne venez pas me dire que l'exception libanaise représente un phare pour la région ! Les gens qui disent cela comparent le Liban à d'autres pays comme l'Arabie Saoudite. Mais cette comparaison, avec ce qui existe de pire, n'est-elle pas une sorte de lâcheté et de reniement ? Ne serait-ce pas pour nous plus honorable de nous comparer à ce qu'il y a de mieux, et d'essayer de nous améliorer au lieu de nous complaire dans une autosatisfaction illusoire et boiteuse ?

Ne venez pas non plus me parler des équilibres fragiles qu'il y a lieu de prendre en compte dans un Liban multiconfessionnel. De pareilles considérations ne servent qu'à renforcer le féodalisme, les divisions et l'immoralité, qu'à permettre aux religions de régner sans partage sur nos existences, qu'à légitimer leur influence politique, sociale et économique.

*

Alors, rentrons dans le vif du sujet : peut-on être chrétien, musulman ou juif, et combattre le patriarcat ou lutter pour l'égalité des sexes depuis l'intérieur ? Dire oui, ce ne serait que confirmer l'état de reniement dans lequel nous vivons. Ces trois religions adoptent la même attitude envers les femmes, tyrannique et misogyne. Et comment pourrait-il en être autrement puisque toutes trois sont nées dans le bassin méditerranéen, région où les valeurs patriarcales sont si bien implantées ? Elles ressemblent à des monstres qui se nourrissent l'un de l'autre et se perpétuent grâce à la peur et l'ignorance de l'espèce humaine. Comme le dit l'historienne belge Anne Morelli : "La pérennité millénaire des religions n'est due qu'à cet envahissement intempestif des consciences enfantines, cette violation permanente de leur liberté par une information forcée, qui est le propre de tout conditionnement."
Bien sûr, ce ne sont pas les religions monothéistes qui ont inventé le patriarcat. Il existait bien avant elles. Mais elles

l'ont institutionnalisé et renforcé, au lieu d'essayer d'en finir avec lui. Cela me paraît être une bonne raison pour que moi, en tant que femme, je les rejette et les combatte. Si le Dieu qu'elles ont inventé était aussi clément, aussi compatissant, aussi bienveillant et juste qu'elles le disent toutes (et ne me branchez pas sur le sujet de la nature nécessairement masculine de leur Dieu), est-ce qu'il n'aurait pas dû établir l'humanité selon des principes d'égalité?

Non seulement les religions institutionnelles ont des préjugés envers les femmes, mais elles sont, toutes les trois, racistes, sexistes, homophobes, impitoyables, sanguinaires, et pleines de réticences envers l'humanité, envers la liberté, envers les droits de l'être humain. Elles vont à l'encontre du sens commun. Ce sont des institutions de pouvoir créées par l'homme, dont le but est de contrôler les gens et leur mode de vie. Elles ont toutes, au cours de leur histoire, utilisé la guerre et le terrorisme pour atteindre leurs objectifs et contenir les forces de la société civile qui menaçaient leur pérennité. Pour ne rien dire de leur pratique de l'exclusion qui a souvent entretenu les violences contre ceux qui étaient considérés comme étrangers.

Bien des gens n'imputent cet usage de la violence qu'à l'islam. Mais c'est distordre la réalité et les enseignements de l'histoire. Tout le monde ou presque connaît al-Qaida et le Hezbollah, mais qui a entendu parler de Hataree, une milice chrétienne impliquée dans de nombreux actes de violence, dont les membres se décrivent eux-mêmes comme des soldats chrétiens se préparant à la venue de l'antéchrist et au combat contre lui ? Combien ont entendu parler de l'Army of God (AOG), une organisation chrétienne terroriste anti-avortement, qui soutient l'usage de la force dans la lutte contre l'avortement aux États-Unis, et qui est impliquée dans l'assassinat d'un grand nombre de médecins pratiquant l'avortement ? Qui connaît les groupuscules terroristes juifs tels que le Gush Emunim Underground ou le Brit HaKanaim ?

De même, nombreux sont ceux qui ont entendu parler d'Oussama Ben Laden et de l'Égyptien Ayman al-Zaouahiri mais, jusqu'à un passé tout récent, qui connaissait l'Ougandais Joseph Kony, se trouvant à la tête de la Lord's Resistance Army (LRA), une organisation engagée dans une campagne très violente pour l'établissement d'une théocratie fondée sur les dix commandements ? Qui a été informé des atrocités commises par la LRA, de celles qu'elle continue à commettre envers les civils, meurtres, mutilations, viols et, selon certains comptes rendus, cannibalisme. Sans parler de l'enlèvement et l'enrôlement forcé de soixante-six mille enfants dans cette armée qui combat au nom du christianisme ! Combien sont-ils à avoir entendu parler de John Earl, un prêtre catholique qui est rentré en voiture dans une clinique d'avortement et a sorti sa hache avant d'être abattu par un vigile ? Qui a entendu parler des juifs radicaux ayant commis des actes de terrorisme, comme Baruch Goldstein ou Yaakov Teitel ?

L'universitaire américain Jack Nelson-Pallmeyer a raison lorsqu'il écrit : "Le judaïsme, la chrétienté et l'islam continueront de contribuer à la destruction du monde tant que chacun n'aura pas – et à cette seule condition – défié la violence dans les textes sacrés pour affirmer un pouvoir divin non violent."

*

Quand j'entends aujourd'hui certaines activistes féministes parler d'un "féminisme musulman", l'évidence de cet oxymore m'accable. Quand donc arrêterons-nous ce type de compromission ? Quand cesserons-nous d'espérer le moindre changement véritable de ce fruit pourri ? Quand finirons-nous par admettre qu'il y a incompatibilité entre les enseignements du monothéisme, tels qu'ils existent aujourd'hui, et la dignité et les droits de la femme ?

Je le répète encore, l'Occident se focalise sur l'islam, et ses mauvaises notes concernant les droits de la femme, mais il oublie souvent, et nous avec, que dans le judaïsme, selon le Talmud, il est "mille fois préférable de brûler la Torah que de la donner à une femme" et que le dixième commandement stipule : "Tu ne convoiteras pas la femme de ton voisin, ni ses esclaves, mâle ou femelle, ni son bœuf, ni son âne, ni rien de ce qui lui appartient."

L'Occident oublie également, et nous avec, que dans les Épîtres de saint Paul, les femmes n'ont ni le droit de parler en public ni celui d'intervenir pendant les réunions, et que Jésus-Christ n'appela aucune femme à faire partie de ses douze disciples. Il y a principalement deux types de femmes dans le Nouveau Testament, les putains pécheresses, et de pieuses vierges. C'est ainsi que les phallocrates divisent le monde en deux, le blanc et le noir, le bien et le mal, etc.

Encore mieux, le pape des catholiques, aujourd'hui encore, continue à condamner la contraception ! Peu lui importe que 98 % des femmes catholiques utilisent la pilule dans les pays développés. Ce qui compte, c'est de perpétuer ce déni.

Il faut que nous continuions à faire semblant de croire que, chaque fois qu'un homme pénètre une femme, l'Esprit saint plane sur eux (c'est faire de Dieu un voyeur bien pervers!). De croire que l'acte sexuel est un acte sacré dont le seul but est la procréation. Si l'on prend cela pour argent comptant, je n'aurais dû avoir que deux rapports sexuels à ce jour! Ô vous catholiques! Voyez quelle usine à frustration est votre Vatican!

Par ailleurs, aujourd'hui encore, le pape se cramponne à la masculinité de son Église patriarcale, il se méfie de toute femme qui voudrait s'en approcher, dans un contexte œcuménique par exemple. Il a peur qu'elle n'obtienne une réelle autorité ou une certaine influence. Le pouvoir doit être dévolu à l'être originel, pas à une côtelette! Les mitres dorées des évêques sont trop lourdes pour des têtes de femme!

À ce sujet, quelqu'un avait attiré mon attention sur cette cinquantaine d'ecclésiastiques de l'Église d'Angleterre qui avaient décidé au début de l'année 2011 de quitter l'Église anglicane et de devenir catholiques parce que cette église avait annoncé qu'elle allait autoriser les femmes à être ordonnées évêques. Cette histoire déclencha une tempête de protestations et de controverses entre les deux Églises. Ce qui m'intéresse dans cette histoire, c'était l'évidence de ses aspects discriminatoires. Un des porte-parole du Vatican, Federico Lombardi, affirma que le Vatican tenait l'ordination des femmes pour un crime très sérieux, à l'égal de la pédophilie. Comment une femme un tant soit peu digne pourrait-elle lire de pareilles choses sans éclater de colère?

Et que penser d'Arduino Bertoldo, cet autre prélat italien? Il a prétendu récemment que si les femmes se faisaient violer, c'était leur faute, parce qu'elles tentaient leurs agresseurs. On nous dira bientôt que les femmes catholiques devraient elles aussi porter des burqas, afin de protéger les hommes de leur charme. Et tout cela en plein scandale de la pédophilie, alors que ces histoires de prêtres violeurs d'enfants faisaient le tour du monde!

Le judaïsme vaut-il mieux? Certainement pas! Certes, je ne me targuerai pas de connaître le judaïsme de fond en comble puisque, au contraire du catholicisme et de l'islam, il ne fait pas partie directement de l'éducation que j'ai reçue. Il me paraît toutefois parfaitement établi que, dans ce pays qui se flatte d'être la seule démocratie du Moyen-Orient, il existe une constante discrimination envers les femmes du fait des ultra-orthodoxes. D'abord, il n'existe pas de démocratie au Moyen-Orient. Et les continuelles horreurs commises par l'État d'Israël envers les Palestiniens devraient suffire à les dissuader de se réclamer de la démocratie.

Je ne chercherai pas à fournir davantage d'exemples ou à poser d'autres questions. Il y en a tant et d'ailleurs, ce n'est pas le propos de ce livre. Pour dire les choses simplement, au risque de paraître triviale, je dirai ceci : tant qu'une femme ne pourra pas briguer le poste suprême de l'Église catholique, je continuerai à en dénoncer la misogynie. Tant que les hommes musulmans ne se mettront pas, eux aussi, à porter la burqa, je persisterai à proclamer que cette burqa n'est qu'un instrument de l'oppression et de la discrimination dont les femmes sont les victimes, une entrave humiliante à leur libre existence. Et que personne ne s'avise de prétendre que de telles idées proviennent d'un virus occidental que j'aurais attrapé! (C'est l'accusation la plus courante qu'on jette à la figure de tout Arabe qui prétend défendre la laïcité, la liberté, l'égalité des sexes, etc.) Les droits de l'homme sont universels, l'Occident n'en a pas le monopole. Nous, Arabes, nous nous sentons humiliés lorsqu'on nous dit qu'il s'agit là d'une exclusivité occidentale. Souvenez-vous de la Déclaration universelle des droits de l'homme, que la plupart des pays arabes ont en principe adoptée, et vous comprendrez ce que je veux dire.

*

Il est important de se rappeler que, partout dans le monde, la libération de la femme est toujours survenue dans un contexte laïc. Bien sûr, la laïcité ne saurait être l'unique garant de l'égalité des sexes. Par exemple, la séparation entre l'Église et l'État, en France, date de 1905. Pourtant, il a fallu attendre encore quarante ans avant que les femmes n'obtiennent le droit de vote. Aujourd'hui encore, les salaires des femmes françaises sont inférieurs de 25 % à ceux des hommes. Il est clair que la laïcité ne suffit pas. Mais elle est une condition nécessaire, quoique insuffisante, pour parvenir à l'égalité.

Comment pourrions-nous remplir cette condition dans nos pays arabes, si compliqués, dans lesquels, le plus souvent, il n'existe aucune séparation entre la religion et l'État ? Je ne prétends pas avoir la réponse. Je ne cherche qu'à dénoncer les conditions défavorables dans lesquelles nous vivons. Il s'agit d'une question que nous devons tous nous poser individuellement, et tenter de résoudre par la réflexion comme par l'action, qu'elle soit sociale, juridique ou politique.

Commençons déjà par désirer la société laïque et libre que nous méritons, travaillons à l'obtenir, à mille lieues du lavage de cerveau monothéiste que nous subissons actuellement. Alors, et seulement alors, nous pourrons commencer à parler d'un vrai changement positif dans le monde arabe.

Il n'y a pas une minute à perdre.

# V

# LA DÉSASTREUSE INVENTION
# DU PÉCHÉ ORIGINEL

*Montrez-moi une femme qui ne se sent pas coupable et je vous montrerai un homme.*

ERICA JONG

## ENCORE ET ENCORE

J'en ai assez d'être une fille sérieuse,
sois ma pomme défendue,
laisse-moi planter mes dents dans tes cuisses
laisse ton sang couler sur mon menton,
ainsi serai-je bannie,
encore une fois,
du paradis.

J'en ai assez d'être une mauvaise fille,
saisis mes hanches pulpeuses,
prends mes lèvres moites
et rends-moi le dernier moment d'innocence
d'avant le péché originel
pour que nous puissions le commettre
encore et encore
comme si c'était la première fois.

# QUESTIONS POLITIQUEMENT INCORRECTES

*Je n'ai pas besoin d'une chambre à coucher pour prou-
ver ma féminité. Je peux dégager autant de sex-appeal en
cueillant des pommes sur un arbre ou debout sous la pluie.*

AUDREY HEPBURN

Quand cessera-t-on de considérer une femme qui aborde
un homme comme une débauchée? Alors qu'on trouve
qu'un homme qui aborde une femme a simplement confiance
en lui?

Quand cessera-t-on d'appeler une femme qui aime le sexe
une nymphomane? Tandis qu'un homme qui aime le sexe est
simplement viril?

Quand cessera-t-on de dire d'une femme qui trompe un
homme qu'elle est dissolue? Alors qu'un homme qui trompe
une femme est simplement justifié par ses "gènes polygames"?

Quand cessera-t-on de considérer qu'une femme habillée
de façon sexy cherche à provoquer (invitant donc au harcèlement voire au viol), tandis qu'un homme habillé de façon
sexy est simplement jugé élégant?

Quand cessera-t-on de trouver pathétique qu'une femme de cinquante ans sorte avec un homme de vingt-cinq ans? Alors qu'on trouve qu'un homme de cinquante ans qui sort avec une femme de vingt-cinq ans est "bien conservé"?

Quand cessera-t-on de dire d'une femme qui réussit qu'elle est une arriviste? Tandis qu'un homme qui réussit est simplement brillant et "accompli"?

Quand cessera-t-on de décrire une célibataire de quarante ans comme une pauvre vieille fille tourmentée? Alors qu'un célibataire de quarante ans est considéré comme un "excellent parti"?

Quand cessera-t-on de dire d'une femme qui harcèle sexuellement un homme qu'elle est folle? Tandis qu'on estime qu'un homme qui harcèle sexuellement une femme manque juste de volonté?

Quand cessera-t-on de dire d'une femme qui apprécie le strip-tease masculin et le porno qu'elle constitue une anomalie? Alors qu'un homme qui aime le strip-tease féminin et le porno est simplement dans "la norme"?

Quand cessera-t-on de trouver choquant qu'une femme contemple les fesses d'un homme? Tandis qu'un homme qui contemple les fesses d'une femme n'est qu'un "admirateur de la beauté"?

Et la dernière question, la plus importante :
Quand arrêterons-nous de nous poser ce genre de questions?

# LE BON, LA BRUTE ET LE TRUAND

*— C'est sale, le sexe ?*
*— Seulement si c'est bien fait.*

WOODY ALLEN

Notre voisin était exhibitionniste. Vieux, dégoûtant, les traits taillés à la serpe. Chaque fois que je revenais de l'école et qu'il me croisait dans l'escalier, il ouvrait sa robe de chambre (il était toujours en robe de chambre, allez savoir pourquoi) et me montrait son pénis ratatiné. "Allez, viens, touche-le, je sais que tu en meurs d'envie", me répétait-il tandis que je courais me réfugier à la maison. C'était le premier pénis que je voyais. Certes, on peut rêver d'une meilleure initiation à l'anatomie masculine, mieux adaptée aux enfants. Son stratagème était répugnant, la situation sordide. C'est probablement pour cette raison que, lorsque je devins sexuellement active, je fermais les yeux de toutes mes forces quand je me retrouvais avec un homme nu. Il me fallait éviter cette vision à tout prix. Ressentir, mais surtout ne pas voir. J'étais en plein instinct de survie. Échapper à la nausée et aux désillusions. La seule idée de le toucher avec les mains me soulevait le cœur. Il me fallut beaucoup de temps, et bien du courage pour, un jour, oser regarder la cible en face. Et quand j'y parvins finalement, je découvris que ça n'était pas si atroce, bien au contraire.

Une nuit, je surpris mes parents en train de faire l'amour. Je suis certaine que de nombreux enfants ont dû avoir une expérience similaire, une expérience déroutante, pour ne pas dire plus. Mon père était couché sur le dos et elle se tenait sur lui. Dieu merci, ils étaient recouverts par les draps du lit! Ce ne fut qu'une vision fugitive, je retournai bien vite dans ma chambre, gênée, troublée, consciente d'avoir vu quelque chose que je n'étais pas censée voir. Mise devant le fait accompli. Je ne comprenais absolument pas ce que j'avais vu mais je n'aimais pas ça. Je me sentais mal à l'aise, dégoûtée. Cela m'amena même à finir par apprécier, et même à appeler de mes vœux, ces querelles qui me faisaient auparavant tant de peine. Pour moi, ces disputes signifiaient simplement qu'ils ne le feraient pas après, et c'était un réel soulagement.

Est-ce dû à un environnement traditionaliste, à tous les interdits que doit subir un enfant dans la société arabe, au fait que mes parents ne me parlaient jamais à cœur ouvert de quoi que ce soit, qu'ils m'interdisaient de regarder tout programme à la télévision s'il y avait un risque que deux personnes s'embrassent? Toujours est-il que, dans mon ressenti et dans mon imagination, l'autre sexe a toujours été lié au concept d'immoralité (le fameux péché originel). Avec, en parallèle, cette idée destructive qu'il me faudrait souffrir chaque fois que je ressentirais de l'attachement pour un homme.

*

C'est pourtant vrai. Voilà ce que l'on nous dit et nous enseigne depuis notre plus jeune âge : le sexe est un péché, le sexe est mauvais, le sexe, c'est le mal. Il y en a même pour ajouter : le sexe, c'est laid!

Et voilà! C'est ainsi que la plupart des gens sont éduqués dans le monde arabe, en plein XXIᵉ siècle. Et quand je dis la plupart, je sais de quoi je parle, aucun risque de généralisation abusive.

Non seulement le sexe est un péché, mais c'est même le péché originel, donc le plus grand, le plus terrible, du moins à en croire la littérature propagée par les trois religions monothéistes. Peu importe que l'humanité n'existe que grâce à lui (tout le monde n'a pas les moyens de se payer une Immaculée Conception), nous devons considérer le sexe comme la source de tous les vices. Nous devons croire que Dieu aurait trouvé un moyen moins scandaleux pour la procréation de l'espèce humaine s'il n'y avait pas eu cette garce d'Ève. Parce que, enfin, qui est-ce qui porte la principale responsabilité de cette épouvantable dépravation? C'est la femme, bien évidemment! Cette satanée voleuse de pommes.

Donc le sexe est mauvais, dangereux et laid. Pire, il est encore plus dangereux et encore plus laid lorsqu'il s'agit de femmes, et, dans notre cas, de femmes arabes. Ceci a valu au monde arabe bon nombre de contradictions. Il va sans dire qu'il est pratiquement impossible de dresser une liste exhaustive des symptômes et des signes de ce syndrome actuel de l'hypocrisie sexuelle dans les pays arabes. Je vais simplement essayer d'en décrire trois des principales manifestations :

Commençons par parler de cette horrible coutume des crimes d'honneur, qui continue de sévir. Laissez-moi vous présenter Maha, une Jordanienne de trente-quatre ans. Elle avait commis le crime de tomber enceinte après avoir été violée par son voisin. Par conséquent, elle fut tuée par son propre frère pour avoir ainsi jeté l'opprobre sur la famille.

Elle reçut des coups de couteau répétés au visage, au cou et dans le dos avant d'être dépecée avec un hachoir à viande. Le voisin nia les faits et déménagea. Un tribunal jordanien condamna le frère à six mois de prison et justifia la clémence de la peine en invoquant l'état de fureur qui l'avait conduit à défendre l'honneur de sa famille de manière irrationnelle. Le même tribunal indiqua également que le comportement de cette femme avait été honteux, qu'elle s'était écartée des traditions de la société jordanienne et avait entaché la réputation de sa famille.

Dans les faits, la loi jordanienne prescrit des peines allégées pour le meurtre d'une parente si cette dernière a entraîné le déshonneur de la famille. Par deux fois, l'abolition de cette loi fut présentée au Parlement, mais elle fut retoquée par la Chambre basse, contrôlée par les islamistes. Donc, en bref, si une femme ose faire l'amour en dehors des liens du mariage, que ce soit à son initiative ou qu'on le lui ait imposé par la violence (comme pour Maha), elle doit mourir. Mais si un homme tue sa sœur, il écope de six mois de prison.

Est-ce que ce problème n'existe qu'en Jordanie? Nous le souhaiterions. Mais le United Nations Population Fund estime que pas moins de cinq mille femmes et filles sont chaque année les victimes de crimes d'honneur perpétrés par leur propre famille. Et beaucoup d'organisations féminines du Moyen-Orient soupçonnent qu'il conviendrait de multiplier ce chiffre par quatre.

De toute évidence, ces crimes d'honneur s'appliquent aux femmes mais pas aux hommes. Quelqu'un a-t-il jamais entendu parler d'une femme arabe qui aurait tranché la gorge de son frère pour avoir fait l'amour sans être marié? Et cette autre question, aussi pertinente que douloureuse : que font les mères des victimes pour tenter de prévenir ces crimes, au lieu de rester, dans le meilleur des cas, dans un silence honteux ? (Souvent, elles prennent le parti des hommes de la famille.) Ne cherchons pas plus loin. Certaines questions n'appellent pas de réponse.

*

Passons maintenant à mon second sujet, la virginité. Dans les pays arabes, on s'attend dans la plupart des cas que la femme reste vierge jusqu'au mariage. Dans un monde normal, ce ne serait qu'une plaisanterie de mauvais goût, mais pas du tout. Pas dans un monde arabe, où il existe une fixation passionnelle sur la chasteté féminine et le comportement moralement irréprochable des jeunes filles. Pas dans un monde arabe dans lequel les hommes sont censés collectionner les expériences (et plus il y en a, mieux c'est, bien sûr) et les femmes attendre patiemment leur prince charmant à qui elles feront don de leur vagin immaculé (ce qui amène bon nombre de femmes à pratiquer la sodomie avant le mariage. Vierges, vraiment ?). Pas dans un monde arabe où l'honneur est arrimé à l'entrejambe des femmes et où le corps de la femme est considéré comme la possession du mâle. Pas dans un monde arabe où les femmes sont supposées être des créatures surnaturelles qui, on ne sait trop pourquoi, seraient dépourvues de besoins sexuels et de fantasmes.

À quoi tout cela mène-t-il ? Eh bien, parmi d'autres choses, à la reconstitution de l'hymen, bien sûr. C'est une pratique très appréciée au Liban et dans d'autres pays arabes. Ou encore au recours à l'hymen artificiel, comme ceux, en provenance de Chine, qui ont failli causer un incident diplomatique entre la Chine et l'Égypte. Le fait qu'on puisse se procurer sur les marchés égyptiens des hymens en plastique pour trente dollars, hymens qui permettent aux femmes de feindre la virginité lors de la nuit de noces, a provoqué la colère de bien des dignitaires religieux, qui ont demandé le retrait du produit, estimant qu'il était contraire aux valeurs arabes ainsi qu'aux traditions.

Ce qui est désolant dans tout cela, du moins de mon point de vue, c'est que des femmes acceptent cette humiliation et renoncent à leur droit d'utiliser leur corps comme bon leur semble. Il y a même de futures jeunes mariées qui sont traînées par leur propre mère chez le gynécologue pour y pratiquer cette imposture !

Mais quand donc ces femmes se poseront-elles cette question : pourquoi, dans le monde arabe, les hommes se servent-ils en toute liberté de leur zigounette alors que nous, nous sommes censées rester pures (c'est-à-dire non baisées) ? Et si la réponse doit être : parce que les femmes doivent traiter leur corps avec respect (ce qui implique que le sexe serait irrespectueux), alors pourquoi les hommes n'en font-ils pas autant en nous montrant comment surmonter la frustration sexuelle ? Qui peut prétendre que les hommes gèrent mieux leur corps que les femmes ?

Une autre question, plutôt cynique : pourquoi des parents éclairés ne feraient-ils pas procéder, à la maternité, dès la naissance, à la défloration de leurs bébés filles, comme tant d'autres font circoncire leurs bébés garçons ? Cela n'anéantirait-il pas une fois pour toutes ce mythe absurde de la virginité ? Cela ne libérerait-il pas les femmes du fardeau de cette "fleur" précieuse qu'il convient de préserver de la honte et du déshonneur ? Est-ce que cela ne permettrait pas de prendre de la distance, d'aider les gens à voir l'hymen pour ce qu'il est, une membrane inutile, et pas un cadeau à faire à un type en particulier ? D'en finir avec ce ridicule dicton arabe : "L'honneur d'une femme est comme une allumette, il ne sert qu'une fois" ?

Je le redis, dans un monde normal, tout cela ne constituerait qu'une plaisanterie de mauvais goût. Moi, ça ne me fait pas rire du tout.

*

Attelons-nous maintenant au dernier sujet de ce chapitre, les mutilations génitales de la femme.

Chaque jour, huit mille femmes subissent une mutilation génitale et se voient ainsi privées de leur droit au plaisir sexuel (97 % des Égyptiennes sont victimes de cette atrocité. Cent quarante millions de femmes et de filles sont concernées à travers le monde). Cette épouvantable pratique est censée préserver la virginité jusqu'au mariage, prévenir les relations extraconjugales et "guérir" de la masturbation et la nymphomanie en diminuant la libido chez la femme. Et cela permet de contrôler la sexualité féminine, de diviser les femmes en deux catégories, selon les standards patriarcaux, les salopes et les chastes. Dans certaines civilisations, on considère que les femmes qui ne sont pas excisées sont impropres à manipuler l'eau et la nourriture, ou que le clitoris représente un danger et que son simple contact avec un pénis est capable de tuer un homme. Malgré tout, mon calendrier reste têtu et m'affirme que nous sommes au XXI$^e$ siècle...

Non seulement l'excision est une violation évidente des droits de l'espèce humaine, mais elle entraîne de nombreux risques sanitaires, parmi lesquels l'incontinence, des infections vaginales, des douleurs chroniques et des complications à l'accouchement. Mais, là encore, comme pour les crimes d'honneur et la reconstruction de l'hymen, ce qui est le plus choquant, c'est que ce sont souvent les femmes qui encouragent ces pratiques. Ce sont des mères qui forcent leurs filles, d'habitude sans leur consentement, à subir cette opération, souvent dans de mauvaises conditions sanitaires.

Et ce qui est le pire, c'est que certaines femmes osent proclamer qu'être traitées avec un tel mépris (être obligée de rester vierge, supporter l'excision, être mariée à quatorze ans, être ensevelie sous la burqa, etc.) constitue un choix pour elles. Ce prétendu choix s'apparente au déni ou relève du lavage de cerveau. Comment pourrait-on choisir une manière aussi insolente, aussi offensante, aussi humiliante de traiter l'identité et le corps de la femme ? Comment parler de choix quand il n'existe aucune alternative ? Ou quand l'alternative consiste à être rejetée, battue, fouettée en public, emprisonnée, voire tuée ? Ces femmes veulent-elles vraiment choisir ? Qu'elles choisissent la dignité !

Mais ne retournons pas le couteau dans la plaie. Elle est déjà béante et ne cesse de saigner.

\*

Je pourrais parler de ces sujets à l'infini. Je pourrais vous parler de ces manifestantes égyptiennes que les militaires ont forcées à faire des tests de virginité après la révolution (on a également relevé de nombreux cas de viol). Ou encore d'Alia al-Mahdi, cette jeune blogueuse égyptienne, qui a été accusée d'immoralité, d'incitation à la débauche et de diffamation envers la religion pour avoir mis en ligne son portrait nu, en guise de protestation contre la récente émergence du salafisme en Égypte. Ces mêmes accusateurs ont battu avec brutalité une manifestante sur la place Tahrir, après avoir arraché sa chemise et lui avoir bourré les seins de coups de pied.

Je pourrais vous parler de Rola al-Halabi, cette championne de boxe libanaise, tuée par son père parce qu'elle avait quitté la maison pour vivre avec son copain. Ou encore de Noor, cette étudiante saoudienne, étranglée par son grand frère parce qu'elle chattait avec un gars sur Facebook. Ou encore de l'hypocrisie qui règne au sujet des homosexuels, de leurs droits à choisir librement leur orientation sexuelle (il est à noter que la plupart des hommes arabes trouvent dégoûtant de voir deux hommes s'embrasser alors qu'ils ne se gênent pas pour dire qu'ils sont excités quand ils voient deux femmes faire de même. À noter aussi que, bien que tenues pour un crime répréhensible, les pratiques homosexuelles cachées sont courantes dans bien des pays arabes à cause de la ségrégation sexuelle, y compris chez les autorités et les donneurs de leçons).

Je pourrais vous parler aussi des valeurs bidon étalées par les entreprises libanaises, qui refusent de passer de la publicité dans un magazine culturel érotique comme *Jasad* (Corps) sous prétexte qu'il va trop loin, alors que les panneaux publicitaires, les publicités à la télévision, ou encore les clips, véhiculent tous une charge sexuelle intense. Alors qu'il est impossible de voir une publicité pour un réfrigérateur sans qu'il y ait, juchée dessus, une femme à moitié nue, supposée vous inciter à l'acheter (inutile de dire que vous ne verrez jamais un homme à moitié nu pour vous inciter à acheter votre nouveau canapé).

\*

Vous allez me demander : dans ces conditions, que peuvent faire les femmes? Eh bien, puisqu'on leur dit que leur place est à la maison, et qu'elles doivent se borner à élever leurs enfants, qu'elles commencent par l'essentiel : qu'elles incitent leurs filles et leurs fils à exiger plus et mieux de la vie. Tout changement commence par le désir de changement et l'éducation est la clé de ce processus. Alors, au lieu de se plaindre d'une injuste fatalité et de perpétuer ce cercle vicieux dans le cadre de l'éducation, qu'elles apprennent à leurs enfants à mieux comprendre l'autre sexe, le corps et la sexualité, et à les respecter, plutôt que de reproduire ces terribles maladies et ces complexes absurdes dont nous sommes les témoins aujourd'hui encore.

Et que peut faire l'homme ? Il pourrait déjà arrêter de se sentir terrorisé ou simplement menacé par la force d'une vraie femme. Il pourrait écouter les femmes au lieu de simplement les regarder. Il pourrait respecter l'intelligence de la femme, ses capacités et son besoin de liberté, au lieu de chercher à les réprimer.

Mais d'abord, le plus important, il pourrait davantage croire en lui-même. Car c'est cela qu'apportent les archétypes patriarcaux : un terrible manque de confiance en soi chez les hommes.

*

Le sexe, puis la religion, puis le pouvoir. Le pouvoir, puis le sexe, puis la religion. De quelque côté qu'on aborde le sujet, de quelque façon qu'on retourne le problème, c'est la même sacro-sainte trinité, inamovible, avec son cortège de tabous qui bourdonnent autour d'elle comme des guêpes. Cette trinité est entretenue par l'ignorance, bien sûr. Mais quand on y ajoute la frustration, l'hypocrisie, le mensonge, le sous-développement et la peur, on obtient le meilleur terreau pour l'éclosion des troubles sociaux et des maladies psychologiques.

Revenons au point de départ : le sexe n'est pas mauvais. Ce qui est mauvais, c'est la discrimination misogyne. Le sexe ne représente pas le mal. Le mal, c'est notre épouvantable hypocrisie. Le sexe n'est pas laid. Ce qui est laid, ce sont nos valeurs creuses et sexistes. Et le plus important, le sexe n'est pas un péché. C'est un besoin naturel de l'espèce humaine, splendide et agréable.

Oui, attaquons-nous à ce pernicieux petit jeu de la culpabilité, et rejetons-le de toutes nos forces.

# VI

# LA DÉSASTREUSE INVENTION
# DU MACHISME

*Un homme est un dieu en ruine.*

Ralph Waldo Emerson

# DÉTROMPE-TOI

Peut-être crois-tu être un pirate invincible
et moi un navire à piller.
Mais c'est le voleur sournois
qui se fera dépouiller.
Alors, revois tes sentiments
ainsi que tes lèvres,
cher monsieur.

Peut-être crois-tu être le grand méchant loup
et moi le Petit Chaperon Rouge.
Va plutôt aiguiser tes dents
avant notre rencontre au bois.
Car c'est ma chair
qui désire que tu la broies,
cher monsieur.

Peut-être crois-tu être insondable
et voir en moi à livre ouvert.
Cette transparence est une canne
et tu mords à l'hameçon.
Tu devrais y réfléchir,
cher monsieur.

Peut-être crois-tu être un chasseur
et moi une proie sans défense.
Mais notre chemin forme une boucle,
nous y chassons tous deux.
Tu ferais mieux de regarder derrière toi,
cher monsieur.

Peut-être crois-tu être une épée
et moi une gorge tranchée.
Je suis la préceptrice de Salomé
et tu es mon bouc émissaire.
Cette tête sur le plateau ?
Nulle autre que la tienne,
la mienne, autrement dit,
cher monsieur.

# LES RÈGLES DU JEU MACHO

*L'homme est défini comme être humain et la femme comme femelle : chaque fois qu'elle se comporte en être humain, on dit qu'elle imite le mâle.*

SIMONE DE BEAUVOIR

*"Tu ne seras pas désobéissante"*, dit le père macho.
Ce qui veut dire : fais ce qu'on te dit, tu réfléchiras plus tard. Et c'est encore mieux si tu ne réfléchis pas du tout.

*"Tu ne seras que ma mère"*, dit le fils macho.
Ce qui veut dire : ton existence est subordonnée à la mienne. Ton seul rôle dans la vie doit être de me nourrir, de prendre soin de moi et de me servir

*"Tu garderas ta virginité jusqu'au mariage"*, dit le petit ami macho.
Ce qui veut dire : je dois être le premier et le dernier dans ta vie. Quand je t'aurai épousée, tu m'appartiendras.

*"Tu ne prendras aucune part à la politique de ton pays"*, dit le politicien macho.

Ce qui veut dire : tu es née pour accepter et pour suivre. Moi, je suis né pour commander et pour dominer.

*"Tu ne seras pas prise au sérieux"*, dit l'intellectuel macho. Ce qui veut dire : contente-toi d'écouter, n'exprime pas tes opinions.

*"Tu ne gagneras pas autant d'argent qu'un homme"*, dit le collègue macho. Ce qui veut dire : toi, tu n'as qu'un job. Moi, je poursuis une carrière, j'ai des ambitions.

*"Tu ne montreras pas tes cheveux en public"*, dit le fanatique macho. Ce qui veut dire : tu es un objet de tentation, il te revient de me protéger de l'incapacité dans laquelle je suis de te voir comme un être humain.

*"Tu ne cacheras pas tes seins en public"*, dit le pornographe macho. Ce qui veut dire : tu es un objet de tentation, il te revient de justifier l'incapacité dans laquelle je suis de te voir comme un être humain.

*"Tu ne diras pas ce que tu penses"*, dit le censeur macho. Ce qui veut dire : ferme-la et suis le troupeau !

*"Tu n'auras pas d'autre aspiration que le mariage"*, dit le système macho. Ce qui veut dire : ta vie ne sert à rien tant que tu n'as pas trouvé de mari.

*"Tu ne préféreras pas la lecture à la cuisine"*, dit l'enseignant macho.

Ce qui veut dire : à quoi bon s'informer et apprendre, puisque le chemin qui mène au cœur d'un homme passe par son estomac ?

*"Tu ne prendras pas de plaisir au sexe"*, dit la société guindée des machos.

Ce qui veut dire : tu es dépourvue de besoins sexuels. Quand ce sera le moment, te viendra un bon époux, et tu n'auras qu'à écarter les cuisses et à feindre l'orgasme pour satisfaire son ego.

*"Tu n'écriras pas ce genre de livre politiquement incorrect"*, disent tous les machos que je connais.

Pourtant, je le fais, et ne cesserai jamais.

# AVOIR DES COUILLES A UN PRIX

*On apprend aux hommes à s'excuser pour leurs faiblesses,*
*et aux femmes à s'excuser pour leurs forces.*

Lois Wyse

J'avais fait la connaissance de M. X. À première vue, il était aussi proche de la perfection qu'un homme peut l'être. Le genre d'homme que vos gènes vous pousseraient à le supplier qu'il vous fasse une fille. Instruit, doué, élégant, drôle et beau, ce qui ne gâte rien. Il avait confiance en lui, il n'avait pas de complexe d'Œdipe (la plupart des mères libanaises sont des fabriques de fils à maman) et il n'était pas d'une possessivité éperdue. De plus, il semblait davantage impressionné par ma réussite que par mon apparence, capable de m'encourager au-delà de mes espérances les plus folles. C'était comme s'il avait, gravé sur son front : "vendu avec tous les accessoires".

Je le fréquentais depuis trois semaines lorsque la nouvelle d'un crime horrible secoua le pays :

Le corps d'une fille de dix-neuf ans avait été retrouvé dans une forêt à l'écart des routes. Elle revenait en voiture d'une soirée chez des amis lorsqu'elle fut enlevée, violée puis battue à mort. Ce jour-là, nous abordâmes tout naturellement le sujet au cours de notre conversation et M. X déclara : "Voilà ce qui arrive quand les parents laissent sortir leur fille le soir." Ce fut tout. Pas un mot pour condamner le violeur. Pas de commentaire sur les failles de notre système de sécurité. Pour lui, à l'évidence, la coupable, c'était la victime elle-même. Elle avait osé sortir s'amuser avec ses amis, ainsi que tous les jeunes gens normaux sont censés le faire. Cela suffisait à la ranger dans la catégorie des filles ayant perdu tout sens moral, ce qui, après tout, justifiait pleinement cette histoire de viol. Je ne peux qu'être scandalisée par le nombre de femmes harcelées ou violées chaque jour un peu partout, mais aussi par le fait que, chaque fois (qu'il s'agisse des forces de police, des médias ou de l'opinion publique), on trouve pertinent de s'interroger sur ce qu'avait bu la victime, sur la façon dont elle était habillée, sur son comportement, ou sur le nombre de partenaires sexuels qu'elle avait pu avoir. Bref, on cherche comment elle a pu s'attirer ce genre de mésaventure, la faisant passer du statut de victime à celui d'accusé. Si ce n'est pas un verdict patriarcal, alors qu'est-ce que c'est ?

Il va sans dire que mes gènes furent horrifiés et écœurés par l'attitude de cet homme, et qu'ils déclinèrent sur-le-champ toute proposition de reproduction. Ce fut la fin de mon aventure avec M. X. Tant pis pour tous les accessoires.

*

J'ai fait ensuite la connaissance de M. Y. Nous nous étions croisés à un colloque organisé à Vienne par une fondation culturelle arabe. Je me retrouvai par hasard assise à côté de lui au cours d'un banquet et il attira tout de suite mon attention. Comment aurait-il pu en aller autrement, alors qu'il parlait avec émotion des droits de la femme, de la nécessité vitale qu'il y avait à instaurer l'égalité des sexes dans les pays arabes, ou de l'urgence de l'avènement d'une société laïque libérée du joug de la religion ? Dans cette histoire, le fait que cet homme était un Saoudien ne doit pas être négligé. "Enfin, me dis-je, enfin un homme éclairé dans ce pays attardé !" C'était un excellent orateur et ce soir-là, quand j'allai me coucher, j'étais plus optimiste et remplie d'espoir que je ne l'avais jamais été de toute mon existence.

Mais, le lendemain matin, le moment vint où il fallut se quitter. Nous étions tous rassemblés dans le lobby de notre hôtel, à attendre qu'on passe nous prendre pour nous conduire à l'aéroport. Et je vis mon "Voltaire" saoudien sortir de l'ascenseur accompagné d'une silhouette noire indistincte. Au second coup d'œil, je compris qu'il s'agissait d'une femme en burqa. Je demandai qui était cette femme et l'un des participants au colloque me répondit que c'était l'épouse de ce type. Apparemment, il l'avait consignée dans sa chambre pendant les trois jours du colloque, sans même lui permettre de venir participer à nos repas.

Si M. Y était Voltaire, alors moi, j'étais vraiment son Candide.

*

La dernière rencontre, non des moindres, est celle de M. Z. C'est l'époux d'une de mes collègues, affilié à l'un de ces "partis de Dieu" au "pays des cèdres". Selon son épouse, la plus grande ambition de M. Z est de devenir un jour un martyr. Son patron est très fier d'avoir perdu un fils au cours d'une attaque-suicide et ne manque pas une occasion de s'extasier sur l'héroïsme qu'il y a à se faire exploser pour une cause en emmenant d'autres personnes avec soi. Depuis sa plus tendre enfance, M. Z s'est nourri de cette conviction d'une logique malsaine qui veut que "si mon homme invisible est différent de ton homme invisible, c'est une raison suffisante pour que je te déteste, pour que je t'exclue, et pour que je te tue". La culture et le culte du martyre forment dans tout le monde arabe une fabrique de machos très prospère. Des pantins qui se croient des champions. Des criminels qui se prennent pour Superman. Nous avons tous entendu parler des gangs de la drogue, des gangs du jeu, des gangs de blanchiment d'argent mais les pires de tous sont sans conteste les gangs d'Allah.

Je me souviens du jour où j'ai rencontré par hasard M. Z sur une des plages du Sud-Liban. Il arrivait avec sa femme, ma collègue, et ses deux petits garçons. Pendant toute la journée, ma collègue resta assise avec son foulard, sous un soleil torride, vêtue d'un chemisier à manches longues et d'un jean, tandis que son époux "attentionné" se faisait bronzer en tenue de bain et que ses fils nageaient dans la piscine. Vous savez, il ne faut pas tenter les hommes vertueux en leur montrant la chair féminine. C'est la raison pour laquelle leurs femmes, leurs sœurs ou leurs filles doivent suer, s'asphyxier et cuire. Il s'agit de protéger les hommes de l'attrait qu'elles exercent sur eux. Mais cela ne signifie-t-il pas que les hommes sont des animaux incapables de contrôler leurs instincts? Et s'ils sont incapables de contrôler leurs instincts, ne serait-il pas plus judicieux de les tenir en laisse que de laisser leurs femmes suffoquer sous leurs vêtements?

Je contemplais mon amie en rageant. Je me disais : Ce n'est pas équitable. Comment ne pas être en colère devant un tel spectacle, comment ne rien dire, ne rien faire? Son mari trouvait cela parfaitement juste et, ce qui est pire, elle aussi. Mais que représentent donc les femmes pour ces gangsters mystiques? Une peuplade de domestiques et d'êtres humains défavorisés, au mieux une entreprise de veuvage. Des femelles qui devraient être contentes d'attendre que leur mari rentre, contentes de leur fournir de la nourriture, des rapports sexuels et du linge propre, et de les envoyer au sacrifice le moment venu, puisque c'est le summum de la dignité pour un homme : pratiquer le jihad au nom de la vertu divine et de la vérité, se préparer à mourir pour l'amour de Dieu. Toutefois, le martyre n'est pas, à proprement parler, un concept musulman. Ses origines remontent à la Genèse, lorsque Dieu voulut tester la loyauté d'Abraham en lui demandant de sacrifier son fils Isaac. Puis vint Jésus, sacrifié sur la croix par son père, pour racheter l'humanité et délivrer le monde du poids du péché. L'histoire du monothéisme est maculée de sang, entachée de violence et d'immolations cruelles et inutiles. M. Z n'est rien d'autre que la dupe d'une éducation ancestrale.

\*

Je pourrais poursuivre longtemps, à l'infini, la longue liste des manifestations de la machomania. Comme cet intellectuel "large d'esprit" qui me critiquait parce que j'étais vêtue de façon trop moulante et qui fit une scène épouvantable dans le restaurant où nous étions en voyant arriver sa sœur habillée d'une minijupe. Ou ce célèbre romancier de gauche, qui se veut le défenseur de l'émancipation féminine, mais qui ne perd pas une occasion de harceler sexuellement toute femme qui passe à sa portée, comme s'il ne voulait la libérer que pour qu'elle accepte de baiser avec lui. Le harcèlement sexuel a atteint de tels niveaux dans le monde arabe qu'il faudrait l'inscrire dans la liste des sports nationaux. Aucune loi n'en protège les femmes. Rien qu'en Égypte, 98 % des visiteuses étrangères et 83 % des Égyptiennes ont fait l'expérience d'un harcèlement sexuel. La plupart des femmes ne déclarent pas les faits, que ce soit par peur, par honte, ou par autopunition, puisqu'on n'arrête pas de les accuser de vouloir attirer l'attention sur elles.

Il y a aussi ce journaliste militant qui qualifia de "bourgeoise" une de mes tirades contre les crimes d'honneur et le mariage des enfants. En fait, la tirade en question faisait partie d'une conférence que j'avais donnée à l'université américaine de Beyrouth, sur le sujet de la discrimination dont sont victimes les femmes arabes. Tout cela dans le cadre d'une série de conférences consacrées à la jeunesse et à la sexualité dans le monde arabe. J'avais osé, au cours de mon exposé, attirer l'attention du public sur les crimes d'honneur, le mariage des enfants et la célébration de la virginité, donnés tous trois en exemple de la manière schizophrénique dont les problèmes du sexe et de la liberté sexuelle sont abordés dans nos pays. Mais apparemment, ce monsieur considérait que parler des droits sexuels de la femme dans le monde arabe relevait d'un caprice bourgeois. Il protesta : "Comment pouvez-vous parler de pareils sujets quand nous croulons sous la corruption des politiciens, quand chaque jour des gens meurent en Palestine ?"

Sans doute notre cher activiste avait-il oublié que le sujet du colloque n'avait rien à voir ni avec la politique, ni avec la libération de la Palestine, mais avec "jeunesse et sexualité" dans le monde arabe. À l'en croire, j'avais fourré tous ces sujets dans mon speech pour évacuer ma culpabilité et me donner bonne conscience. Bien sûr, mettre fin aux crimes d'Israël en Palestine est une priorité. Combattre la fraude et les injustices est aussi une priorité. Mais respecter les droits de la femme et leur donner droit de cité constituent aussi une priorité. Et c'est aussi une priorité de se débarrasser de ces phallocrates qui se cachent derrière la lutte des classes pour affirmer que les droits des femmes arabes (sexuels, légaux, sociaux, politiques, etc.) constituent un luxe exotique. Ce qui constitue un luxe, que nous ne pouvons plus nous permettre, c'est ce genre de discours et de personnage. Voilà le vrai visage de la bourgeoisie, trompeur, hypocrite et manipulateur.

"C'est un monde d'hommes, et je vous le laisse, à vous les hommes", a dit un jour Katherine Anne Porter. Eh bien je supplie (non j'exige) de pouvoir être d'un autre avis. Pour que vous l'ayez, il faudra me passer sur le corps.

*

Dans le même registre, laissez-moi aussi vous parler d'un magazine féminin conçu en 2010 par al-Qaida. Le titre du magazine peut être traduit par *La Femme majestueuse*. Il est publié par l'un des plus importants canaux médiatiques des organisations terroristes. Dans le premier exemplaire, on peut lire l'interview de la femme d'un moudjahid, dans lequel cette "héroïne" parle de sa fierté et de sa joie lors du martyre de son époux et où elle réduit le rôle de la femme à encourager son époux au sacrifice. La couverture, qui accumule sottise sur sottise, montre la photo d'une femme (du moins on le suppose, vu l'austère tunique noire qui la dissimule) avec ce sous-titre : "Une peau parfaite en sept étapes", cette même peau qui ne verra jamais le soleil, qui ne pourra jamais respirer, ni être exposée, fût-ce pour un centimètre carré, au regard de prédateur des hommes.

Ce magazine se définit lui-même comme islamiste et féministe. Je ne me hasarderai pas une nouvelle fois à pointer les contradictions aveuglantes de ce programme, à dénoncer son propos, qui est de toute évidence de faire subir aux femmes un lavage de cerveau pour produire des femelles de type patriarcal, ignorantes et suicidaires. Al-Qaida sait très bien qu'il n'y a rien de plus efficace et de plus dangereux qu'une femme recouverte d'une burqa : elle peut se déplacer d'un endroit à un autre sans avoir à monter de carte d'identité, ce qui la transforme en véritable bombe humaine déambulant dans des rues sans surveillance. (Ce motif sécuritaire devrait être suffisant pour inciter davantage de pays à suivre l'exemple de la France et à interdire le port de la burqa.) Une dernière chose : ce magazine se veut constituer un marchepied vers "la modernité" et le xxiᵉ siècle. Cela se passe de commentaire.

\*

C'est un fait : d'après les statistiques de l'ONU sur les violences faites aux femmes et aux filles, une femme sur trois, à travers le monde, a été battue, violée ou agressée sexuellement. La plupart de ces violences ont lieu dans le cadre de relations intimes. Ce sont les maris ou les partenaires qui en sont les acteurs.

C'est un fait : dans le monde, 50 % des agressions sexuelles sont commises sur des filles de moins de seize ans.

C'est un fait : pour 30 % des femmes, la première expérience sexuelle résulte d'une coercition.

C'est un fait : cent quarante millions de femmes et de filles subissent des mutilations génitales.

C'est un fait : à travers le monde, plus de soixante millions de filles sont mariées alors qu'elles sont encore enfants.

C'est un fait : le trafic des femmes et des filles concerne quatre millions de personnes chaque année. 60 % de ces personnes ont connu la violence physique ou la violence sexuelle avant de tomber sous la coupe des trafiquants.

C'est un fait : au Liban, beaucoup de domestiques subissent de mauvais traitements, qu'il s'agisse de harcèlement moral ou sexuel, ou de violence. La loi ne leur offre aucune protection, c'est une forme d'esclavage contemporain.

Un rapport de 2008 de l'Observatoire des droits de l'homme nous apprend que, entre janvier 2007 et août 2008, au moins quatre-vingt-quinze domestiques issues de l'immigration sont mortes au Liban. Sur ces quatre-vingt-quinze décès, quarante étaient attribués au suicide, et vingt-quatre étaient dus à une chute de grande hauteur de travailleuses essayant d'échapper à leurs employeurs.

C'est un fait : tous les ans, trois millions de femmes et de filles sont exploitées sexuellement par des trafiquants.

C'est un fait : on estime qu'un million de femmes font leurs débuts dans la prostitution chaque année.

C'est un fait : à travers le monde, la moitié des femmes a fait l'objet d'avances sexuelles non désirées ou de harcèlement sexuel dans le cadre de leur travail.

C'est un fait : dans 90 % des cas de harcèlement, ce sont des hommes qui harcèlent des femmes.

C'est un fait : les crimes d'honneur coûtent chaque année la vie à vingt mille femmes. Les raisons invoquées sont les rapports sexuels en dehors du mariage (y compris en cas de viol), le refus de se prêter à un mariage arrangé, la volonté de choisir son époux ou encore une tenue vestimentaire inacceptable pour la famille ou pour la communauté.

C'EST UN FAIT : le culte du machisme, l'hyper-masculinité, conduit à la violence, sexuelle ou autre. Les femmes sont particulièrement à la merci de leurs partenaires dans des sociétés où il existe des inégalités marquées entre hommes et femmes, avec une stricte ségrégation des sexes, avec des normes culturelles qui font qu'un homme a le droit d'imposer des relations sexuelles aux femmes sans tenir compte de leurs sentiments, et qu'un tel comportement n'entraînera pour lui que de faibles sanctions. Ce qui déclenche la violence dans ce type de relations malsaines, ce peut être la désobéissance, le fait de contester l'avis de l'homme, de lui poser des questions au sujet de son argent ou de ses copines, de ne pas avoir préparé le repas à temps, de refuser les relations sexuelles, et d'être soupçonnée d'infidélité. Les femmes qui se marient très tôt ont plus de chance d'être battues ou tyrannisées. Elles sont aussi davantage enclines à penser que leurs époux ont leurs raisons pour les battre.

Combien de fois avons-nous entendu, ou utilisé l'expression "Ça, c'est bien un truc de garçon"? Dès l'enfance, on encourage les garçons à participer à des jeux brutaux, on les décourage de se montrer gentils ou attentionnés en se moquant d'eux ou en les malmenant, que ce soit du fait d'autres enfants ou, parfois, de celui des parents. Tout cela favorise l'éclosion de ces mâles agressifs qui tenteront, lorsqu'ils deviendront des adultes sexuellement bien informés, d'opprimer les femmes sans tenir compte de leur point de vue.

Malheureusement, il existe bien des femmes pour défendre une notion aussi pervertie de la masculinité, d'habitude en encensant les mauvais garçons ou les surhommes qui gravitent autour d'elles. Et il existe aussi beaucoup d'hommes qui reprochent aux femmes de provoquer ce type de problème (le harcèlement, les agressions, etc.). Mais comment font donc les femmes pour provoquer tout ça? Principalement elles se contentent de faire partie du genre féminin. Vous comprenez, nous sommes "coupables" d'avoir des nichons et un vagin. C'est un défaut de fabrication.

Devenir un tyran, un voyou, un gangster, battre sa femme, la violer. Bien des hommes se retrouvent piégés dans le cercle vicieux de la violence à cause d'une conception erronée de l'humanité, un faux-semblant de la véritable signification du monde. Certains considèrent que l'homme est brutal par nature, d'autres détournent les nombreux aspects positifs de la masculinité, d'autres font un lien entre testostérone et agressivité, renforçant ainsi le système patriarcal, qui est fondé sur la dichotomie entre dominants et dominés. Ajoutez à cette éducation fallacieuse un sentiment de castration engendré par un régime dictatorial et par la misère : les hommes arabes n'ont pas d'autre solution que de trouver un bouc émissaire pour toutes leurs balles perdues : les femmes. Tant il est vrai que la violence engendre la violence.

Le monde arabe a-t-il l'exclusivité de ce triste état de fait ? D'après le Conseil de l'Europe, une Européenne sur cinq est victime d'agression sexuelle à un moment ou à un autre de son existence. Et 98 % des agresseurs sont des hommes. Dans les pays de l'Est, des générations entières de femmes ont été effacées et bâillonnées, anéanties par les forces du mal, c'est-à-dire par la dictature et l'ignorance absolue. Quant à l'Occident, des générations de femmes y ont été asservies et prostituées. Leurs corps y ont été réduits au rang de simple marchandise. Chez nous, nous avons la burqa. Là-bas, la viande est mise aux enchères. Sincèrement, je ne vois pas aujourd'hui comment on peut être femme sans être constamment en colère étant donné les affronts et les abus que nous subissons, et dont le but est soit de nous éliminer du jeu, soit de nous exploiter.

*

Le machisme est un épouvantable fléau. Les faits l'attestent, de façon criante et sinistre, pour ne pas dire plus. Mais que peut-on faire ? Quelles solutions apporter à un problème aussi universel ?

Une méthode majeure pour en finir avec ce système gangrené, pour combattre l'autosatisfaction et le mépris envers tout ce qui touche les atteintes aux droits des femmes, est une participation accrue de ces femmes aux instances politiques de leur pays. Il y a peu d'espoir, à mon avis, pour que les attitudes que les hommes ont envers les femmes changent un tant soit peu tant que ce seront les hommes qui contrôleront les structures du pouvoir politique. La scène politique est monopolisée par un nombre sidérant de machos, en Orient comme en Occident. Par exemple, parlons du Liban : c'est là que la participation des femmes à la politique est la plus faible et c'est là aussi qu'elles sont le plus aviliés. Tout récemment, le ministre du Tourisme a eu le culot de produire un court métrage pour promouvoir le tourisme au Liban en aguichant le touriste avec des images de jeunes Libanaises à moitié nues. Dans ce pays où les femmes n'ont presque aucun droit, où règnent le patriarcat et le sectarisme, le gouvernement n'a aucune pudeur à instrumentaliser les femmes pour attirer le touriste mâle. Comment qualifier un tel niveau de patriarcat, de discrimination, de superficialité ? Quels mots pour condamner un comportement aussi inadéquat et si contraire à toute éthique ?

*

Une autre méthode efficace pour surmonter, voire pour neutraliser, la répression et la violence du machisme, consiste pour les femmes à conquérir leur indépendance financière. Je leur recommande même avec insistance de ne plus penser qu'à ça : l'indépendance financière ! Vous savez, fondamentalement, le machisme n'est que le produit de l'instinct de chasseur du mâle : je te nourris, donc tu m'appartiens. Il fut ensuite renforcé par la théorie monothéiste de la côte : la femme n'est qu'une partie ténue de l'entité masculine. Il est donc de la plus haute importance que les femmes bousculent cet état de fait en investissant le monde du travail pour se suffire à elles-mêmes. Il y en a certes déjà beaucoup mais, dans le monde arabe, le pourcentage de femmes financièrement autonomes reste très faible. Il y a vraiment peu de femmes arabes à qui on ait appris l'importance de l'indépendance économique. Même celles qui aspirent à cette indépendance, ou du moins à pouvoir parler sur un pied d'égalité avec leur mari, continuent à compter sur les hommes pour subvenir à leurs besoins en matière économique, qu'il s'agisse d'une nouvelle robe, d'un bijou, d'une voiture ou d'une maison.

Bien sûr, la disparité actuelle des salaires des hommes et des femmes y est pour beaucoup. Mais ce n'est pas la seule raison. La question n'est même pas de trouver de bonnes opportunités, c'est bien pire que ça, il s'agit du courant de pensée dominant. Par exemple, de nombreuses femmes que je connais ont reçu une éducation dont le seul but était de leur permettre d'attirer le "meilleur" des maris, c'est-à-dire, dans leur esprit, le plus riche. Et cet état d'esprit n'est pas réservé aux anciennes générations. J'accompagnais récemment mon fils de douze ans à une fête d'anniversaire et j'entendis par hasard une de ses camarades de classe dire à une copine "Quand je serai grande, je me marierai et je demanderai à mon mari de m'acheter une Porsche" ! J'allai voir cette fille et je lui dis : "Ce ne serait pas mieux si tu te mettais à travailler et que tu t'achètes toi-même la Porsche ?" De toute évidence, cette adolescente se retrouvait piégée dans un schéma instauré par sa mère. Sur cette planète, il n'y a pas de maladie plus héréditaire que la résignation.

Les femmes arabes doivent apprendre à se sentir responsables de subvenir à leurs besoins. L'indépendance a certes un coût, il faut travailler dur. Mais le jour où vous arrêtez de demander de l'argent à votre père, à votre frère ou à votre époux pour pouvoir acheter quelque chose que vous voulez ou dont vous avez besoin, ce jour-là est vraiment celui où vous pouvez dire que vous commencez à être libre.

Réfléchissez-y : quoi de plus intimidant, de plus castrateur, pour un macho, qu'une femme qui n'a pas besoin de lui pour satisfaire ses besoins ? Cela s'attaquerait aux racines mêmes du machisme et renverserait cul par-dessus tête les institutions de type patriarcal ! D'ailleurs, les vrais hommes seraient davantage rassurés qu'effrayés par une telle évolution : quoi de plus gratifiant que la certitude qu'une femme n'a besoin de vous que pour vous-même, et non pas pour la sécurité financière que vous pouvez lui apporter ?

*

Une autre bonne solution pour régler ce désastreux malentendu pourrait être d'éviter de schématiser en "tout noir ou tout blanc", de reconnaître notre double nature, et d'accepter que tous, homme ou femme, aient en eux une part de féminin et une part de masculin qui se manifeste à travers leur comportement. Il est clair que j'ai des qualités masculines, mais je n'en reste pas moins femme. Gloria Steinem dit que "La femme dont l'homme a le plus peur est celle qu'il porte en lui". J'ajouterais à cela que l'homme à qui la femme prête le moins d'attention est celui qui est en elle. Si nous commençons à comprendre cet "autre" qui est en nous, alors il cessera d'être un ennemi. Et, à mon humble avis, bien qu'il y ait des différences évidentes entre les hommes et les femmes, ce qui nous rapproche l'emporte de loin sur ce qui nous sépare.

Cela bien sûr ne veut pas dire qu'il faille éliminer les différences entre les hommes et les femmes. J'ai lu récemment un article sur une école maternelle expérimentale en Suède, nommée Egalia, qui met en œuvre une éducation fondée sur la non-différenciation des sexes. Par exemple, les enseignants évitent d'employer les mots "sien" ou "sienne", ils s'adressent aux enfants en leur disant "mes amis" plutôt que "les filles" ou "les garçons". Là, je dois dire qu'autant je suis opposée aux stéréotypes des genres et aux standards sociaux qui veulent qu'une fille soit belle et féminine et qu'un garçon soit rude et viril, autant je reste très sceptique quant à la possibilité qu'une telle éducation conduise vers une réelle égalité entre les sexes. Le but visé est certes louable, mais les méthodes ne sont guère convaincantes. Notre sexe fait partie intégrante de notre identité : est-ce que ce n'est pas créer la confusion chez les enfants que d'estomper ainsi la frontière entre les sexes ? L'égalité devrait consister à traiter tout le monde de façon bienveillante et équitable, pas à obliger tout le monde à être identique. L'égalité devrait consister à intégrer la diversité et à respecter les différences d'autrui, pas à les ignorer. Je n'aime guère que l'on me dise que le seul moyen pour moi d'obtenir l'égalité est de renier mon sexe. Nier le sexe de quelqu'un est par nature sexiste. Les mots mâle et femelle ne décrivent qu'une différence, pas une hiérarchie des valeurs.

*

Un autre point mérite d'être souligné : la défense des droits de la femme ne devrait pas être exclusivement l'affaire des femmes. Et l'on peut dire la même chose pour le combat contre le patriarcat. C'est pourquoi je suis toujours préoccupée par le manque d'implication des hommes, par leur manque d'initiative lorsqu'il s'agit de justice et d'égalité entre les sexes. C'est aussi pourquoi je suis toujours troublée par d'autres pratiques discriminatoires qui enferment les individus dans le moule de la peur, dans la haine et le ressentiment envers l'autre sexe. Les hommes sont des partenaires naturels et indispensables dans ce combat contre l'injustice que font supporter aux femmes nos systèmes arriérés, qu'ils soient politiques, militaires ou religieux. Systèmes qui rappellent l'hydre légendaire : chaque fois qu'on lui coupe une tête, il en repousse une autre.

Il y a un gouffre entre ces visions superficielles de la féminité et de la masculinité, un gouffre difficile à combler sans un combat acharné contre l'exclusion de l'autre. Et un combat de cette sorte nécessite de faire table rase d'idées préconçues du genre "les hommes ici et les femmes là" ou d'autres du même ordre. C'est comme cela que l'on pourra avancer vers une vision logique et universelle de "l'être humain".

Voilà pourquoi il nous faut un nouveau type de femme : des combattantes prêtes à défendre leurs droits bec et ongles sans avoir besoin pour autant d'ignorer les hommes ou de les faire chanter. Pas des femmes qui veulent remplacer le patriarcat par le matriarcat, mais qui luttent pour un vrai partenariat avec le sexe masculin. Il nous faut aussi un nouveau type d'homme : des hommes qui n'aient pas besoin de soumettre les femmes, de les priver de leurs droits, et de mépriser leurs sentiments pour se sentir virils.

\*

Oui vraiment, avoir des couilles a un prix. Mais il y a beaucoup d'hommes qui ignorent ce prix. Ils ne savent pas qu'il s'agit de résister à la facilité, à la tentation du machisme, qu'il s'agit de donner à leurs capacités une direction convenable, noble et juste et d'aller vers une reconnaissance libératoire et cathartique de leurs faiblesses. Il y en a beaucoup qui ne savent pas non plus ce qui fait qu'un homme est vraiment un homme. Certains en sont même arrivés, à force d'entendre des jugements négatifs injustifiés, à se sentir coupables d'être des hommes. Il est donc nécessaire, et même vital, que les hommes fassent le point sur leur identité masculine, et comprennent que cette identité ne passe pas nécessairement par le machisme, la tyrannie, la violence et la possessivité envers "la seconde moitié du ciel", pour reprendre l'expression de Mao Tsé-toung.

Ce qu'il faut aujourd'hui, en plus de la révolution des femmes, ce n'est rien moins qu'une révolution des hommes, une révolution radicale, profonde, non violente, sans slogans, qui engendre une relation entre les sexes plus mûre et plus accomplie.

Et tandis que vous vous attelez à la tâche, messieurs, rappelez-vous juste ceci : le machisme, ce n'est pas l'homme contre la femme, c'est le gamin contre l'homme.

# VII

## LA DÉSASTREUSE INVENTION
## DE LA GUERRE DES SEXES

*Je n'ai jamais été à même de savoir ce qu'est le féminisme ;
je sais seulement que des gens me disent féministe quand
j'exprime des sentiments qui me différencient d'un pail-
lasson ou d'une prostituée.*

REBECCA WEST

## JE SUIS UNE FEMME

Personne ne peut deviner
ce que je dis lorsque je me tais,
qui je vois lorsque je ferme les yeux,
comment je m'emporte lorsque je m'emporte,
ce que je cherche lorsque je lâche mes mains.

Personne, personne ne sait
quand j'ai faim, quand je voyage,
quand je marche et quand je me perds.
Et personne ne sait
que mon aller est un retour
que mon retour est une abstention
que ma faiblesse est un masque
que ma force est un masque,
et que ce qui vient est une tempête.

Ils croient savoir
et moi je les laisse croire
et me voilà.

Ils m'ont enfermée dans une cage
afin que ma liberté soit un don d'eux
et que je remercie et que je me soumette.

Mais je suis libre avant eux, après eux,
avec eux, sans eux.
Je suis libre dans mon oppression, dans ma défaite,
et ma prison est ma volonté.
La clé de la prison pourrait être leur langue,
mais leur langue est enroulée autour des doigts de mon
    désir,
et mon désir ne leur obéit point.

Je suis une femme.
Ils croient qu'ils possèdent ma liberté.
Je les laisse croire
et me voilà.

# LA RÉPONSE DU BERGER
## À LA BERGÈRE

*Pouvez-vous imaginer un monde sans hommes ? Plus de*
*crimes et beaucoup, beaucoup de grosses femmes heureuses*
*et bien dans leur peau.*

NICOLE HOLLANDER

Les femmes doivent faire la cuisine, dit-il.
La seule chose que je cuisinerai, c'est ta propre chair,
dit-elle.

Les femmes sont des créatures de l'enfer, dit-il.
Bien. Dans ce cas, tu sais à quoi t'attendre, dit-elle.

On ne peut pas faire confiance aux femmes, dit-il.
Tu me remercieras plus tard, dit-elle.

Les femmes doivent obéir aux hommes, dit-il.
Alors mets-toi à genoux et ordonne-moi de me déshabil-
ler, dit-elle.

Les femmes parlent trop, dit-il.
Tais-toi et fais-moi l'amour, dit-elle.

Les femmes sont là pour plaire à leurs amants, dit-il.
Dis s'il te plaît et j'y réfléchirai, dit-elle.

Les femmes tombent facilement amoureuses, dit-il.
Rappelle-moi ton nom, dit-elle.

Les femmes ne pensent qu'à se marier, dit-il.
Ne retiens pas ton souffle, dit-elle.

Les femmes ne savent pas conduire, dit-il.
Rappelle-toi de ça lorsque je t'écraserai avec ma voiture, dit-elle.

Les femmes s'en fichent de la taille, dit-il.
J'espère que tu ne comptes pas là-dessus, dit-elle.

Les femmes doivent être fessées lorsqu'elles se conduisent mal, dit-il.
Qu'est-ce que tu attends ? dit-elle.

Les femmes doivent être ligotées, dit-il.
Mais où est la corde ? dit-elle.

Les femmes n'aiment pas les coups d'un soir, dit-il.
On en reparlera quand je m'en irai demain matin, dit-elle.

Ne t'attends pas que je reste pour toujours, dit-il.
Promis ? dit-elle.

# LE "PRINTEMPS ARABE", DIT-ON

*Une femme qui paie son loyer n'a pas besoin d'être gentille.*

KATHERINE DUNN

La première fois que je rencontrai l'expression "la guerre des sexes", c'était au début des années 1980. Je venais de voir le film *Star Wars*, avec Harrison Ford et Carrie Fisher et je crus d'abord qu'il s'agissait d'un autre film de science-fiction dans lequel Luke Skywalker et la princesse Leia étaient remplacés par des organes sexuels. C'était en fait le titre d'un livre en français, écrit par Maryse Choisy, publié en 1970, qui m'avait attiré l'œil alors que je flânais dans une librairie de Beyrouth.

J'étais évidemment intriguée. J'ouvris le livre afin d'essayer d'en lire quelques pages, pour découvrir que cela avait plus à voir avec Simone de Beauvoir qu'avec George Lucas. Hélas, les écrivains féministes sont d'une lecture difficile pour une petite fille de douze ans, davantage intéressée par le scabreux que par l'idéologie.

Par la suite, il y eut la sortie du film *Grease*, avec John Travolta et Olivia Newton John. J'avais quinze ans quand je le vis, et le seul message que j'en retirai était : "Le bien, c'est assommant. Le mal, ça, c'est bien. Le mal, c'est sexy. Le mal, c'est tentant." Alors, je voulus être mauvaise, de la mauvaise façon. J'insistai auprès de ma mère pour qu'elle m'achète un blouson de cuir, mais mon plan avorta pitoyablement : car une fille qui a tout le temps le nez dans les livres ainsi qu'un goût marqué pour le débat intellectuel est condamnée à faire fuir les garçons, même habillée d'un blouson de cuir noir. Cela me laissa dans un état de confusion encore plus grand quant à cette hypothétique guerre entre les hommes et les femmes. Heureusement, je retournai alors vers les travaux lumineux de Simone de Beauvoir et d'autres.

Plus je lisais de choses sur le sujet et plus la théorie de la guerre des sexes me semblait pouvoir être résumée ainsi : l'homme tire la femme de la grotte par les cheveux et la femme le ramène dans la grotte par la queue. Comme si l'homme, doutant de lui-même (Superman), ressentait le besoin de faire preuve d'autorité (physique, économique, politique, religieuse, ce que vous voulez) pour tenir la femme sous son contrôle. Comme si la femme, doutant d'elle-même (Schéhérazade), ressentait le besoin d'utiliser la séduction (aventures compromettantes, fellations, conformisme social, ce que vous voulez) pour obtenir de l'homme qu'il lui donne ce à quoi elle a droit.

Plus j'y songeais, plus j'en venais à penser que tout cela m'ennuyait. L'homme n'avait nul besoin de contrôler la femme, vraiment. La femme n'avait pas besoin de suborner l'homme, pas du tout. Ce jeu interminable du pouvoir du mâle (Ken le macho) contre le pouvoir de la femme (Barbie la femme fatale) était devenu un jeu de gosses, un jeu passé de mode. Il fallait passer au combat entre l'esprit asexué et l'esprit tout court. Et vite.

C'est alors que le féminisme de la troisième vague fit irruption dans ma vie, pour sauver la situation.

*

On me pose souvent des questions au sujet de la philosophie du féminisme de la troisième vague, celui auquel j'adhère. Pour simplifier, je dis souvent ceci : il y a des femmes qui croisent les jambes pour le plaisir des hommes (elles s'exploitent elles-mêmes). D'autres croisent les hommes sans les regarder (les féministes de la vieille garde). Et les féministes de la troisième vague ? Eh bien, elles croisent les doigts en traversant l'abîme, avec un homme à leur côté.

Cette troisième vague du féminisme, qui va du tout début des années 1990 à ce jour (et dont les principales porte-parole sont Elle Green, Naomi Wolf et Élisabeth Badinter), me séduit parce qu'elle met en lumière la diversité des femmes à travers le monde ainsi que leur originalité (au-delà des définitions binaires stéréotypées). Ce féminisme allie la variété avec le changement. Il redéfinit la femme, sûre d'elle, forte, contrôlant sa sexualité. Il se bat contre l'image dans laquelle les médias voudraient l'enfermer, contre les mots qu'on utilise pour la cataloguer. Plus important encore, il reconnaît à tout féminisme le droit, et le besoin, d'évoluer en fonction des générations et des individualités. Dans l'introduction de leur livre *Manifesta*, voici comment Jennifer Baumgardner et Amy Richards parlent de leur vision de ce féminisme de la troisième vague : "Être libérée ne veut pas dire copier ce qui a été fait auparavant, mais trouver son propre chemin, un chemin qui est particulier à chaque génération."

Le féminisme de la troisième vague donne également droit de cité à des idées auxquelles je crois, telles que l'ouverture du monde de la politique aux femmes et le positivisme en matière sexuelle, évitant ainsi le piège dans lequel était tombé le féminisme de la deuxième vague en rejetant les nouveaux courants de la sexualité, et en voulant la domestiquer. Connu également sous le nom de Mouvement de libération des femmes, ce féminisme de la deuxième vague prospéra dans les années 1960 et 1970. (La première vague fait référence aux mouvements féministes du XIXᵉ siècle et du début du XXᵉ siècle.) Le Mouvement de libération des femmes mit l'accent sur l'éternelle querelle dialectique entre les sexes, caricaturant les femmes en victimes impuissantes et les hommes en tyrans sans pitié. Mais victimiser la femme et diaboliser l'homme est un cercle vicieux, qu'on le fasse par frustration, par paranoïa ou simplement par haine. Car la domination du mâle n'est pas seule en cause dans cette affaire : il y a aussi le manque de volonté de certaines femmes à revendiquer leur autonomie et à abandonner leurs "tortionnaires" avant qu'ils n'aient complètement détruit le respect qu'elles pouvaient avoir pour elles-mêmes. Oui, les femmes ont prouvé en maintes occasions qu'elles pouvaient être leurs pires ennemies.

Autrement, comment expliquer qu'aujourd'hui, en Occident, bien des féministes de la vieille garde justifient le port des différents voiles islamiques, y compris celui de la burqa, ainsi que d'autres pratiques répressives islamistes ? Elles prétendent faire cela au nom d'un "relativisme culturel" mais elles feraient bien mieux d'avoir une vision plus large de l'"universalité" des droits de l'homme. Elles justifient la discrimination, la polygamie et l'excision. Pour bien des féministes libanaises et arabes, cela fournit un prétexte, si fragile soit-il, pour m'attaquer, moi et mes points de vue. Elles me considèrent comme une adversaire parce que, parmi d'autres points de controverse, je dénonce le port du voile comme constituant une contrainte discriminatoire. À les en croire, je ne fais que défendre une vision occidentale du féminisme. Comme s'il existait une "liberté arabe" qu'on puisse opposer à une "liberté occidentale", une "dignité arabe" à une "dignité occidentale", et ainsi de suite. Peu leur importe que je me batte pour que la femme puisse exercer son libre arbitre et exprimer ses choix. Peu leur importe que je prenne des risques pour exprimer ce que beaucoup ont peur de dire à voix haute. Peu leur importe que j'aie payé, et que je continue à payer le prix fort pour mes convictions et mes prises de position en public. Pour ces féministes, il n'existe qu'une seule façon de mener le combat, la leur. Et, pour notre plus grand malheur, cette façon consiste à sermonner les autres au sujet des droits de la femme, droits à être encore persécutées, à subir encore la discrimination.

Être une vraie féministe, cela consiste principalement à vouloir l'égalité avec les hommes (pas la similitude). Il y a deux choses que je n'arrive ni à supporter ni à admettre chez les féministes de la vieille garde. La première est le fait qu'elles considèrent l'homme comme un ennemi. Je le redis, aucune évolution du système patriarcal ne sera possible sans le partenariat et l'implication des hommes. La seconde est leur rejet de la féminité, qu'elles voient comme une marque de faiblesse. Pour ma part, je me sens très bien dans cette identité spécifique, et je n'éprouve nul besoin d'adopter tel ou tel comportement masculin pour prouver que je suis forte. Ce serait retomber dans le piège du patriarcat et capituler devant la superficialité d'un dualisme simpliste. Et il faut que les hommes, tout autant que les femmes, échappent à ce piège. Comme je le disais au chapitre précédent, tous, hommes et femmes, devons faire un effort pour sortir de l'impasse, pour éviter d'être complètement aliénés par l'autre sexe.

Il faut l'admettre, le machisme pur et dur se retrouve face au mur. Le féminisme pur et dur se retrouve face au mur. Voila deux vérités élémentaires que nous ne pouvons plus ignorer et que nous devons surmonter si nous voulons bâtir quelque chose de positif et de rationnel dans la société actuelle. Les tensions entre hommes et femmes, entre les hommes et leur ego, entre les femmes et leur ego, sont devenues si fortes que chacun se barricade derrière des remparts d'images toutes faites, derrière la constitution de chapelles, derrière des formes inconscientes d'agression, et une attitude soupçonneuse envers les autres. Mais nous ne pouvons plus tolérer que des pratiques ou postures extrémistes règlent le cours de nos vies. Par essence, de telles idéologies sont une insulte à la diversité du genre humain, une insulte qui a des conséquences tragiques sur les relations humaines. Lorsqu'un homme se drape dans un système de pensée machiste et le met en pratique, il ne part pas en guerre seulement contre les femmes ; il part aussi en guerre contre lui-même. Et l'on peut dire la même chose des féministes radicales. Ces deux systèmes de pensée suivent des trajectoires parallèles qui ne peuvent jamais se croiser, se privant ainsi de l'énergie et du dynamisme que peut procurer une rencontre sans parti pris entre hommes et femmes. Ces deux systèmes ne mènent qu'à l'amertume, à la déception, à l'impasse.

Bien évidemment, je ne suis pas en train de nier les importants apports du féminisme des années 1960. Je suis une femme qui doit beaucoup au féminisme. Je ne serais pas celle que je suis aujourd'hui sans ces guerrières intrépides, sans leurs luttes, sans leur pensée, sans leurs écrits. Si elles n'avaient pas existé, nous vivrions, encore plus qu'aujourd'hui, dans un monde de merde, un monde misérable. Et je ne suis pas non plus en train de faire de généralisation abusive. Je sais parfaitement que toutes les féministes de la seconde vague ne haïssent pas les hommes. Je dis simplement : "Merci, mais nous avons le droit de nous y prendre autrement, maintenant que vous nous avez montré le chemin." Cela vaut tout spécialement pour les pays arabes, où le féminisme reste encore souvent à l'état embryonnaire.

Alors, est-il possible, dans le monde arabe, de dépasser ce fléau du féminisme classique haineux, et d'adhérer au féminisme de la troisième vague sans être condamnée au bûcher? Je le crois. Il suffit d'éviter de reproduire les erreurs que d'autres ont commises. Commençons déjà par ne laisser aucun répit à toutes ces formes de défenses de l'un des deux sexes, sources de fanatisme et d'exclusion, qui conduisent les hommes et les femmes à se rejeter l'un l'autre et à se renfermer sur eux-mêmes, victimes d'une vision bornée de la définition des sexes. Hommes et femmes, unis dans ce même rejet, rassemblons-nous!

Mon sentiment est que ce combat entre les hommes et les femmes, ainsi que toutes ses manifestations, peut se réduire à un seul mot : contrôle. Les hommes exercent leur contrôle par leurs muscles, leur capacité à ramener de la nourriture, à fournir le cadre matériel du foyer. Les femmes exercent le leur avec leurs attraits, leur capacité à dire non, à refuser au petit garçon qui sommeille en tout homme son confort émotionnel et sexuel. Quand cette danse du combat pour le contrôle tourne au grand tango lascif, c'est merveilleusement grisant. Mais quand elle aboutit à ce qu'un homme batte une femme, ou à ce qu'une femme injurie un homme et maltraite ses émotions (autrement dit, elle le châtre), là, c'est meurtrier pour l'esprit comme pour le corps. Le cercle vicieux se referme.

C'est la guerre des sexes, me direz-vous. Ne serait-ce pas plutôt le moment de déclarer le match nul et de nous remettre en question?

*

Il faut reconnaître que cette guerre des sexes résulte aussi de certaines formes de conditionnement qu'on nous impose, homme ou femme, dès le plus jeune âge. Et que ce même conditionnement continue à nous être imposé à l'âge adulte de façon subliminale. Ah! Quelle chance ça serait si les filles n'avaient plus à s'habiller en rose et à jouer à la poupée! Si les garçons n'avaient plus à porter du bleu et à jouer au pistolet! Ce double cliché, qui refuse toute nuance et toute ambiguïté en matière de sexe (qu'il s'agisse d'identité homosexuelle ou d'orientation sexuelle atypique), reste d'une infinie tristesse.

À côté de cette épouvantable catégorisation des individus entre hétérosexuels et homosexuels (l'hétérosexuel, qui est dominant, est considéré comme normal et légitime, tandis que l'homosexuel, qui est marginal, est un anormal) et de toutes les étiquettes dépourvues de sens qu'elle peut entraîner, il existe un autre exemple de différenciation dangereuse, avec laquelle on nous lave le cerveau : je veux parler du cliché "l'homme qui apporte / la femme qui reçoit". Eh oui! Depuis le jour où l'homme a allumé un feu et tué un daim, où la femme s'est prise au jeu et a cuisiné cette viande, ce piège s'est refermé sur nous : il fournit, elle dépense.

Un autre exemple de conception artificielle de la masculinité et la féminité est le cliché de l'homme chasseur et de la femme proie. Je veux parler de ces nombreuses femmes qui pensent, encore aujourd'hui, qu'en matière sexuelle, ce sont elles qui donnent tandis que l'homme prend. Pour ce qui concerne le sexe, il n'y a pas de preneur ni de donateur. Chacun donne et prend en même temps. Il y a une expression célèbre en arabe pour décrire une femme faisant l'amour avec un homme : "Elle s'abandonna à lui." Ne s'est-il pas lui aussi un peu abandonné? N'en a-t-elle pas profité autant que lui?

Cela nous ramène évidemment au cas de ces femmes qui sont dépossédées, ou qui se sentent dépossédées de leur corps. Il faudrait abandonner cette logique du donnant,

donnant, il faudrait refuser de penser que notre corps peut être le prix à payer pour obtenir quelque chose. Il faudrait arrêter de jouer un jeu pour attirer l'attention sur soi. Si un homme ou une femme n'arrive pas à attirer l'attention d'autrui en étant soi-même, alors, où allons-nous ? Si un homme a besoin qu'une femme conspire pour le séduire, c'est qu'il est faible, superficiel, pathétique, et qu'elle gaspille son temps avec lui. Et vice-versa.

Arrêtons ces bêtises. Assez de ces plans, de ces négociations, de ces ruses pour les attirer dans nos filets. Ne nous contentons pas de nous laisser porter par le courant de la rivière, nageons hardiment dedans. Oui, je représente un défi parce que je suis qui je suis, pas parce que j'ai besoin d'être convaincue ou de convaincre dans le cadre d'un jeu stupide. Je représente un défi parce qu'il faut me conquérir jour après jour, pas seulement la première fois. Je représente un défi parce que, s'il n'est pas facile de m'obtenir, il est encore plus dur de me garder.

Tout ça, c'est encore un complot patriarcal : la femme doit être un objet de désir, l'homme doit être un maquignon, un client, un acheteur. Elle, elle doit être bonne à vendre, elle doit s'autopromouvoir (encore le syndrome de Schéhérazade). Comme ça, elle apaise son conquérant et elle obtient ce qu'elle veut. D'une pierre deux coups.

Mais vouloir quelque chose sans faire l'effort de le chasser, ça n'est qu'une forme de démission supplémentaire. Les vrais chasseurs n'ont pas besoin de harpon (de force physique). Il suffit de rester là et de regarder le taureau droit dans les yeux. La chasse, c'est affronter la peur que vous inspire le gibier, jusqu'à ce que votre propre peur lui fasse baisser les yeux en premier.

Je le redis, nous sommes, hommes et femmes, des chasseurs. Et tous deux, nous sommes pourchassés. Alors, si vous aimez vraiment quelqu'un, vous devez avoir suffisamment confiance en vous pour le lui montrer. Et si cet individu, homme ou femme, n'aime pas ça, tenez pour acquis qu'il est superficiel, et a besoin de croire qu'en matière de séduction non veut dire oui. Qu'il/elle aille au diable !

Malheureusement, dans la plupart des cas, quand on l'envoie au diable, il/elle se rend compte à quel point il/elle tient à vous et commence à vous courtiser. Mais à ce stade, ce doit être trop tard.

*

Un troisième exemple remarquable de préjugé sur les hommes et les femmes, colporté par les hommes et les femmes eux-mêmes, est le cliché homme-sujet / femme-objet, qui trouve sa meilleure illustration, parmi d'autres comportements et formes de conception de soi, dans la fascination historique qu'éprouvent la plupart des femmes à l'idée d'être la "muse" d'un créateur.

Moi, je vois les choses comme ça : encore une autre façon de considérer la femme comme un terrain de jeux plutôt que comme un membre de l'équipe. Elle existe uniquement en tant que source d'inspiration et objet du discours. Jamais en tant que locutrice et actrice de la transmission. J'appelle ça du vol, un détournement de sa voix créatrice, un véri-table crime (parfois une simple forme de suicide chez cette femme) dissimulé derrière la glorification de son rôle : c'est elle, le "vent dans les ailes". Nous en avons assez du vent. Nous voulons être des ailes.

Cela ne me contrarie pas de stimuler les autres, bien au contraire. J'aime me reconnaître dans un poème, un tableau ou un morceau de musique. Mais ce n'est pas ce qui me défi-nit. Je suis avant tout moi-même créatrice.

Qui sont mes muses ? Eh bien, beaucoup sont poilus et ils ont des pénis. Alors, messieurs, qu'est-ce que ça vous fait d'être dans la boule de cristal ? C'est votre tour. Allez, allez, debout et inspirez-*nous*.

*

Voici venu le moment de parler du "printemps arabe" et d'examiner s'il s'agit d'un vrai printemps pour les femmes arabes.

Je me souviens qu'au début des révolutions qui embrasèrent le monde arabe au commencement de l'année 2011, le secrétaire général des Nations unies, Ban Ki-moon, exhorta les femmes arabes à profiter de ce vent de changement, qui soufflait du Moyen-Orient à l'Afrique du Nord, pour réaffirmer leurs droits. Dans une déclaration publiée par le service de presse des Nations unies, il affirmait que les révolutions en Tunisie et en Égypte représentaient une bonne occasion pour promouvoir la démocratie et les droits de l'homme, et que, si elles étaient menées convenablement, elles seraient un modèle de changement exemplaire en terre arabe comme ailleurs. Ban Ki-moon appelait aussi les institutions internationales à apporter tout leur soutien aux femmes de ces deux pays.

Il est possible que le secrétaire général n'ait pas pris le temps d'examiner sérieusement la réalité des faits avant d'exprimer son optimisme quant à ce vent de changement soufflant dans le monde arabe, un changement depuis longtemps attendu dans la vie sacrifiée des femmes arabes. Examinons quelques cas :

Le mouvement islamiste Ennahda a remporté une victoire écrasante en Tunisie, obtenant quatre-vingt-neuf sièges sur deux cent dix-sept à l'Assemblée, lors des premières élections démocratiques du pays une fois le dictateur Zine el-Abidine Ben Ali chassé par le soulèvement populaire. De même, en Égypte, les premières élections législatives post-Moubarak se sont soldées par une victoire irrésistible des partis islamistes. Le Parti des frères musulmans pour la justice et la liberté (FJP) s'octroya le plus grand nombre de sièges, le parti extrémiste salafiste Al-Nour arrivant en seconde position. Ce phénomène est-il restreint aux pays ayant connu la révolution? Pas du tout. Les islamistes ont également remporté des victoires électorales dans des pays comme le Maroc ou le Koweït, et d'autres pays vont certainement leur emboîter bientôt le pas, comme la Libye, le Yémen et quelques autres.

Pourquoi les Arabes se mettent-ils aujourd'hui à voter pour les islamistes? Principalement parce que ces derniers sont parvenus à convaincre la masse des opprimés, la masse de ceux qui éprouvent un besoin vital de réconfort, qu'ils sont parmi les organisations politiques celles qui sont les plus dignes de confiance. Cette confiance imméritée se fonde sur l'opinion couramment admise que les islamistes sont honnêtes, justes et dignes de confiance. Des citoyens amicaux, incorruptibles, dignes de guider la vie publique selon les valeurs fondamentales de l'islam. Mais de quelle sorte de révolution moderne sommes-nous donc en train de parler si les pays doivent être régis suivant des valeurs religieuses?

Comprenez-moi bien : ces mots ne sont en aucun cas à prendre pour un éloge des dictateurs et de la tyrannie. Néanmoins, je ne peux qu'être soucieuse devant l'influence grandissante de l'islamisme intégriste au Moyen-Orient ces dernières années (qu'il s'agisse de la branche chiite ou de la branche sunnite). Je ne peux qu'être inquiète quand je constate que ce fanatisme musulman sert la cause de l'extrême droite en Occident, un Occident qui, trop souvent, édicte des lois contre les islamistes, quelque justifiées qu'elles soient, sans les accompagner d'un travail sur le terrain, travail d'explication culturelle et de pédagogie sur le modernisme. Cette carence ne fait que renforcer le radicalisme des deux camps et perpétuer un cercle vicieux. Je ne peux qu'être dégoûtée en voyant comment des progressistes bidon comme Tariq Ramadan peuvent être encensés en Occident au détriment d'intellectuels musulmans réellement libéraux comme Mohammed Arkoun ou feu Nasr Hamid Abû Zayd, défenseur d'une démocratie moderne et laïque, et de la séparation de la religion et de l'État. Je ne peux qu'être navrée par le destin de cette contrée, et spécialement par celui des femmes de cette contrée, puisque ce qui suit la dictature se révèle aussi mauvais que la dictature elle-même. Il s'agit d'un retour aux régimes fondamentalistes, fondés, parmi d'autres horreurs, sur la misogynie, la violence, le patriarcat, la ségrégation et l'intolérance envers les femmes.

Voyez-vous, nous, les Arabes, nous avons trop souvent à choisir entre deux monstres. Quel que soit mon enthousiasme à la chute d'un monstre dictateur, je ne suis pas moins inquiète de l'émergence de ce nouveau monstre qui vient s'emparer du pouvoir. Bien sûr qu'il est important de se débarrasser des dictateurs. Il n'y a pas de doute qu'il faille également lutter contre la faim et l'injustice. Lutter contre la corruption et l'esprit de classe. Mais la lutte contre l'extrémisme religieux est tout aussi importante. Respecter et faire reconnaître la dignité de la femme et ses droits, c'est aussi important. Cela signifie se débarrasser des méthodes de type patriarcal qui prétendent protéger les femmes mais utilisent cette prétendue protection pour justifier leur oppression.

*

Dès le mois de mars 2011, alors que le monde entier, et tout spécialement l'Occident, se trouvait plongé dans l'euphorie de cette vague de changements, je publiai dans des journaux comme le *Corriere della sera* (Italie) ou le *Die Welt* (Allemagne) des articles exprimant mon scepticisme, scepticisme dû aux grands risques sous-jacents encourus par les femmes. Je reçus alors des critiques de toutes parts et on me traita d'oiseau de mauvais augure. Hélas, le temps qui passe m'a donné raison. Pourtant, vous ne m'entendrez pas entonner gaiement le refrain du "Je vous l'avais bien dit". Comme j'aurais préféré m'être trompée dans ma prédiction. Combien en avons-nous vu, de ces femmes héroïques de Tunisie et d'Égypte, participer aux défilés, réclamer la chute du dictateur et s'impliquer dans les manifestations ? Combien en avons-nous vu ? Et voilà bien un verbe qu'il convient d'employer au passé. Car où sont-elles aujourd'hui, ces femmes, alors que de nouvelles institutions sont en train d'être refondées, alors que leurs voix et leur implication active sont plus que nécessaires dans la construction du futur, de ses lois et de ses valeurs ? Qu'est-ce donc qu'une révolution qui utilise les femmes comme des pions qu'on peut mobiliser à discrétion, puis écarter lorsqu'il s'agit de décider quel sera le futur mode de vie ? Qu'est-ce donc qu'une révolution qui ne renverse pas la table du patriarcat sur la tête des tyrans, ne fait que donner naissance à une nouvelle forme de sous-développement, celle de l'extrémisme religieux, pour remplacer celui qu'on vient d'abolir ? Qui est gagnant dans ce petit jeu où la moitié de la population se trouve réduite à un rôle de spectateur à qui on impose le silence ?

Laissez-moi illustrer mon propos avec un exemple concret : Amnesty International a publié un rapport révélant que de nombreuses femmes ayant manifesté au Caire et participé à la révolution du 25 janvier se sont retrouvées battues, torturées, humiliées et contraintes à passer des tests de virginité. Le cas le plus frappant est celui de l'activiste égyptienne Samira Ibrahim, première à faire état de ces violences, violences subies en compagnie de six autres femmes dans une prison militaire où elles furent retenues toute la nuit, après avoir été arrêtées sur la place Tahrir. On peut également citer le cas de Mona Eltahawy, cette journaliste américano-égyptienne basée à New York, qui fut battue et placée en garde à vue au ministère de l'Intérieur au mois de novembre 2011, en dépit des manifestations répétées place Tahrir. Elle fut incarcérée pendant douze heures et subit des violences physiques et des agressions sexuelles. Son bras gauche et sa main droite furent fracturés.

Lorsque j'appris ces nouvelles, je fus révoltée et condamnai fermement les atrocités auxquelles ces femmes et d'autres étaient soumises. Mais je vis également à la télévision un reportage dans lequel une avocate égyptienne expliquait à une assemblée de femmes déshéritées que la femme n'avait pas été créée pour participer à la vie politique. Je n'arrive pas à comprendre qu'une femme un tant soit peu digne puisse émettre des opinions aussi épouvantables, et encore plus lorsqu'elle occupe une situation importante et que les gens ont tendance à la considérer comme un modèle. Je n'arrive pas non plus à comprendre comment une femme qui candidate aux élections législatives peut mettre sur ses affiches de campagne une photo de fleur plutôt que sa photo à elle. C'est pourtant exactement ce qu'ont fait en Égypte de nombreuses candidates du parti salafiste Al-Nour, tandis que les autres préféraient mettre la photo de leurs époux. Faut-il que je commente?

*

Les révolutions qui sont survenues et qui surviennent actuellement dans le monde arabe sont-elles aussi des révolutions de femmes ? À ce titre, méritent-elles le titre de vraies révolutions ? Il est clair que les premiers signes ne laissent rien présager de bon et que nous sommes encore bien loin de nous débarrasser de l'emprise du patriarcat sur la vie publique et privée.

Voici un exemple qui illustre bien ce dont je veux parler : on nous a dit il n'y a pas longtemps que les femmes saoudiennes venaient enfin de conquérir de nouveaux droits politiques. Mais est-ce que cela va vraiment améliorer la situation des femmes dans ce pays de l'âge de pierre, où elles n'ont pas le droit de conduire et où elles se font flageller si elles bravent cet interdit ? Ou si elles quittent la maison le visage découvert ? Qu'est-ce que ça va changer dans un pays où tant de femmes vont contre leurs propres droits, comme ce groupe d'activistes saoudiennes que nous avons vues critiquer vertement le fait que des femmes puissent conduire, une infraction selon elles révoltante, et décréter que des femmes capables d'une telle conduite méritaient qu'ont leur crache à la figure et qu'on les fouette sans pitié ? Cela va-t-il améliorer la vie de tous les jours de ces femmes si elles risquent encore le fouet pour adultère, si elles ne peuvent pas se déplacer ou voyager sans la permission de leur mari-gardien ? Tout cela ne peut que me laisser profondément sceptique.

*

Quand je considère ces régimes arabes malsains (ceux qui sont déjà tombés et ceux qui vont sûrement bientôt tomber), fondés pour la plupart d'entre eux sur la dévalorisation des femmes et sur la négation de leurs droits, je ne peux pas m'empêcher de me poser cette question : mais quand donc la femme arabe passera-t-elle du cri "Donnez-moi mes droits !" au hurlement "Je vais m'emparer de mes droits de mes propres mains" ? Quand donc finira-t-elle par considérer que ces droits sont vraiment les siens, qu'ils ne constituent pas un luxe mais un enjeu crucial ? Quand finira-t-elle par admettre qu'elle n'est pas venue au monde pour se marier, élever ses enfants, obéir, se cacher, et se mettre au service des hommes de la famille ? Quand donc se rendra-t-elle compte que tous ces discours sur la démocratie ne sont que des conneries si on ne restaure pas l'égalité entre hommes et femmes ? Que ces discours sur la liberté sont des conneries si la femme n'est pas respectée en tant que citoyenne libre ? Et que ces discours sur le changement et la modernisation ne sont que des conneries si la situation et le rôle des femmes ne sont pas réévalués ? Quand se mettra-t-elle en colère contre les insultes flagrantes qu'on lui assène, insultes qui ne visent qu'à la diminuer, chaque jour un peu plus, dans tous les domaines ? Quand donc sortira-t-elle de son cocon et se fraiera-t-elle son chemin avec les ongles pour se transformer en papillon féroce ? Quand donc se servira-t-elle de sa pensée, de sa voix, de son énorme potentiel, au lieu de juste écouter ? Et surtout, quand donc arrêtera-t-elle de participer à la consolidation du système patriarcal et de ses valeurs dépassées ?

Pour le dire simplement, quand donc la bombe de la femme arabe va-t-elle exploser ? Je parle de la bombe de ses capacités, de ses ambitions, de sa liberté, de sa force et de sa confiance en elle. La bombe de sa colère envers ce qu'on lui impose et qu'elle accepte souvent sans esprit critique.

"Le printemps arabe", dit-on. Pour autant que je sache, il s'agit d'un autre hiver, ou alors d'un printemps seulement cosmétique. Mais encore une fois, il faut bien commencer par quelque chose, même si ce commencement se révèle imparfait et décevant. Les musulmans fanatiques portés aujourd'hui au pouvoir par la force du vote ne seront pas réélus s'ils font du mauvais travail (et ils en feront). Ce qui n'était pas le cas des dictateurs que nous venons de voir renverser, prétendument élus par des majorités écrasantes de 99,99 %. Renverser un dictateur constitue le modeste premier pas vers un remplacement complètement satisfaisant. Ce remplacement ne peut pas être parfait la première fois, à la première tentative. Toutes ces nouvelles démocraties qui viennent de porter au pouvoir des partis islamistes auront encore à subir les horreurs de ce système et à endurer les rigueurs d'un hiver supplémentaire, le dernier nous l'espérons. Elles se rendront alors compte de leur erreur de jugement et repartiront dans une autre direction, plus positive. Dans le monde arabe, la transition qui mène de l'autocratie à la démocratie et de l'autoritarisme au pluralisme passe obligatoirement par une phase de gouvernement islamiste. Disons qu'il s'agit là d'un purgatoire obligé.

*

Lorsque mon livre *J'ai tué Schéhérazade. Confessions d'une femme arabe en colère* parut pour la première fois, bien des gens me demandèrent : "Mais qu'est-ce qui vous met le plus en colère ?" Je répondais toujours : "C'est le fait qu'il n'y ait pas assez de gens en colère à travers le monde." Oui, le monde a besoin d'hommes et de femmes en colère, d'hommes et de femmes qui se scandalisent. Des hommes et des femmes qui ne pensent pas que l'obtention de leurs droits civils arrive en troisième ou quatrième position dans la liste de leurs revendications.

Les femmes qui vivent dans notre partie du globe font l'objet d'une sévère discrimination, et ce par des méthodes qui constituent des violations des droits de l'homme. Cela va du mariage des enfants au refus de l'enseignement, à la limitation de la liberté de mouvement, à un abaissement du niveau de vie social, économique et éducatif, et de tout ce qui s'ensuit.

Quelle est la solution? Il n'y en a qu'une : il ne s'agit pas de rafistoler le mur devant lequel nous nous trouvons, ni d'essayer d'en cacher les fissures. Il ne s'agit pas d'espérer que ce mur disparaisse, ni de nier son existence. Il ne s'agit pas d'en arrondir les aspérités. Il ne s'agit pas de hurler devant lui ou de prier pour qu'il soit détruit. Non, aujourd'hui, notre force doit l'emporter sur les rouages de la répression qui nous est imposée de plusieurs façons, par les autres comme par nous-mêmes. Mais le changement ne pourra pas venir d'un compromis avec ce système pourri, mais seulement de son renversement. Voici venu le moment de lutter contre le négociateur qui sommeille en chacun de nous.

Ce qu'il faut, c'est détruire, détruire, détruire. Puis rebâtir, ensemble hommes et femmes, main dans la main. Voilà la bataille qu'il nous faut mener, voilà la véritable révolution que nous méritons.

# VIII

# LA DÉSASTREUSE INVENTION
## DE LA CHASTETÉ

*Je préfère le vice silencieux à la vertu ostentatoire.*

ALBERT EINSTEIN

## RECETTE POUR UNE INSATIABLE

D'abord j'éplucherai
ce tendre coin de peau
à gauche de ta nuque,
là où mes larmes
et ta sueur
courent se cacher.

Puis je prendrai tes lèvres,
barrière sucrée entre toi et ma faim,
et je les lécherai lentement
avec les miennes.

Puis je sucerai ta langue,
arc appétissant
du sagittaire,
criant mon nom
telle une flèche acidulée.

Puis je mâcherai tes yeux,
fenêtres profondes
grandes ouvertes
sur mes gémissements.

Puis d'un coup de dents j'arracherai tes doigts,
flambeaux épicés
parcourant ma chair.

Puis je boirai
trois gouttes de ton lait vénéneux
pour noyer ma soif
sous la tienne.

Et pour terminer,
j'ouvrirai ta poitrine,
te trancherai les veines,
j'arracherai un huitième toi
de tes sept côtes,
et je commencerai à te manger
jusqu'à ce qu'il ne reste personne,
jusqu'à ce qu'il ne reste rien
que
le goût
délicieux,
exaspérant,
ah! si parfait
de mon appétit.

# LE PÉNIS : MODE D'EMPLOI

*Un gentleman est un loup patient.*

WINSTON CHURCHILL

Cher monsieur Homme,

Ne crains rien : je ne vais pas te faire une liste de slogans éculés du genre "le plaisir de la femme est plus important que le tien". Celui-là, on a dû tellement te le marteler que tu dois bien connaître ta leçon maintenant, à tel point que tu as du mal à ne pas y penser chaque fois que tu baisses ton pantalon. Je dois dire à ta décharge que, quand vient le moment de faire l'amour, tu dois ressentir une grande angoisse car c'est toi qui es censé arborer une mécanique prête à l'emploi, imposante, dure et rigide. Je n'ose même pas imaginer combien d'expressions péjoratives il doit y avoir pour désigner cet échec du mâle à parvenir à une érection convenable à la demande. Cette pression ne doit pas te faciliter les choses.

Je n'ai pas non plus l'intention d'examiner toutes les embûches qui nous guettent avant de passer à l'acte : ces formules clichés, désastreuses, qu'on nous sert à la première rencontre (oui, il existe encore des hommes pour vous dire : "Votre visage me dit quelque chose. On s'est déjà rencontrés ?"), la tactique du "Je suis le coup du siècle", cette épidémie du "Je ne suis pas facile à avoir" (il faudrait la mettre à l'index, celle-là), ou bien encore la stratégie des yeux de faon. Non, je présuppose que le marché a déjà été conclu et que vous êtes déjà tous deux dans une situation compromettante.

Je ne suis pas une thérapeute du sexe : il est clair que je ne sais pas comment soigner l'impuissance ou l'éjaculation précoce, et je ne prétendrais pas que ce mode d'emploi puisse s'appliquer à toutes les femmes. Car, après tout, l'amour est un champ de mines, et un champ de mines vraiment très personnel. Mais d'après mon expérience, et celle de nombreuses amies qui ont partagé avec moi pendant de nombreuses années leurs fantaisies, leurs plaintes, et leurs désirs cachés, je sais que cela s'appliquera à beaucoup d'entre elles, sinon à la plupart. Donc, si vous êtes sur le point de vous régaler l'un de l'autre, il ne sera pas inutile de garder en tête les conseils suivants :

1. La vantardise *ne favorise pas* l'excitation. Si tu es déjà un véritable étalon, à quoi bon en parler ? Elle va croire que tu n'es pas sûr de toi. Elle préfère cent fois être agréablement surprise par tes actes que rasée par la description que tu en fais tout en dégrafant son soutien-gorge. (Faut-il te dire que tu peux faire un meilleur usage de ta langue ?)

2. Si tu ressens la nécessité de plier consciencieusement tes habits avant de lui faire l'amour, tu es sûrement un bon garçon, mais un piètre amant. L'amour réclame un champ de bataille, pas une salle d'opération stérilisée.

3. Tu n'as plus dix ans. Alors, ne demande pas la permission, ne va pas te laver sept fois les mains, pas de simagrées, et

surtout, ne témoigne pas de reconnaissance : elle n'est pas en train de te tendre les clés de la Terre promise. C'est même à toi de t'assurer qu'elle n'est pas en train de te faire une faveur. Rassasie-la et ce sera elle qui te dira merci.

4. Ne te laisse pas abuser par l'appel de cette porte qui semble ouverte, tu vas devoir la percer si tu ne veux pas qu'on te la claque à la figure. Alors, attaque, même si elle semble désarmée. Puisque tu as déjà ton sabre tout prêt, ne lésine pas sur les coups bas, elle ne t'en tiendra pas rigueur.

5. Alterne les morsures et les baisers, les caresses et les coups de griffe : réveille l'animal qui sommeille en chacun de vous. Marque bien ton territoire et incite-la à marquer aussi le sien. Pince-la, défie-la, fesse-la, use, abuse, donne des ordres, titille, dévore... Envoie au diable l'homme civilisé qui est en toi et passe à l'action.

6. Ne la prends pas comme elle est, prends-la comme elle devrait être. Découvre son potentiel érotique derrière les masques de sa timidité, de sa pruderie, derrière ses tabous, ses craintes et ses considérations socioreligieuses.

7. Dis-lui ce que tu aimes, sois attentif à ses désirs, mais rien de professoral entre vous. Quand les besoins et les désirs sont énoncés et décrits à l'avance, l'acte en devient automatique. Anticipe, et vaincs le professeur à son propre jeu.

8. Les princes charmants bien sirupeux sont passés de mode. Ne l'enlève pas sur ton cheval blanc : tu peux te livrer à une chevauchée bien plus excitante.

9. N'étanche pas sa soif tout de suite, laisse-la se consumer.

10. Prends-la chaque fois comme si c'était la première : les débuts peuvent être sans fin si tu as une belle imagination.

11. Prends-la chaque fois comme si c'était la dernière : ça pourrait très bien t'arriver.

12. Ne la prends pas dans tes bras, serre-la fort.

13. Si ça ne paraît pas inéluctable, si vous n'êtes pas attirés l'un par l'autre comme des aimants, ne le faites pas, à moins que vous n'aimiez la soupe froide. Le sexe ne peut pas être décontracté. Il requiert de l'intensité et de la passion, même pour une seule nuit.

14. Ne t'engonce pas dans des gants de velours et pas de nœud papillon. Ne baise pas avec ton couteau et ta fourchette en arborant une coiffure gominée. Les convenances au lit ? Les bonnes manières ? Autant de recettes pour la frigidité. Libère tes démons du vice et laisse-les s'ébattre autour de vous.

15. Les mots qu'on t'a dits sont vilains et honteux ? Ces gros mots que tu n'as même pas osé murmurer ? Hurle-les.

16. Oui, elle peut, tout autant que toi, aimer le sexe pour le sexe. Alors ne panique pas, chaque fois qu'elle a un orgasme, à l'idée qu'elle veut te passer la bague au doigt.

17. Elle n'est pas censée t'allaiter. Alors lèche ses mamelons au lieu de les sucer interminablement, comme un nouveau-né qui tète sa mère.

18. Vas-y lentement. La précipitation coupe l'appétit. Il y a une grande différence entre un gourmet et un goinfre compulsif devant un buffet. C'est par la ruse qu'on réussit une embuscade, pas par une intrusion bruyante.

19. Titille-la, titille-la de nouveau, titille-la encore plus : la séduction est un art qui comporte une bonne part de ruse, d'espiègles escalades. Je ne parle pas ici de futiles préliminaires, qui sont souvent assommants. Les hommes s'en font une obligation parce qu'on leur a inculqué l'idée qu'il est important que la femme soit "préparée". Je parle d'exquises formes de supplice.

20. Pénétrer ne veut pas dire transpercer. Le trou est déjà fait, n'est-ce pas ? Alors, au lieu de la faire souffrir avec des allées et venues de robot, dévaste-la doucement. Va jusqu'au fond, restes-y quelques secondes, puis retire-toi, petit à petit. Encore et encore, jusqu'à ce qu'elle soit contrainte de supplier pour que tu restes.

21. Les positions inhabituelles, c'est chouette, sauf quand ça lui donne des crampes aux jambes. Cela devient alors un étalage de compétence, prévisible et fatigant. Je peux t'assurer que tu n'as pas besoin d'être un expert en *Kâma Sûtra* pour la combler.

22. Pourquoi le nier ? Oui, la taille compte, mais ce qui compte encore plus, c'est la façon dont tu utilises ton équipement. Tu peux tout à fait être très bien doté et ne pas avoir la moindre idée de ce qui plaît à une femme. À l'inverse, ton matériel peut être modeste mais te suffire pour lui plaire immensément.

**23.** Elle souhaite des câlins après l'amour et, toi, tu voudrais faire la sieste ? Quel cliché épouvantable ! Cela peut très bien être l'inverse. Alors, ne te sens pas désorienté ou rabroué si elle s'endort avant même que tu n'aies jeté ton préservatif.

**24.** Sauf nécessité absolue, ne fais rien *pour* elle. Elle le sentirait et cela gâcherait son plaisir. Tu es son partenaire, tu n'es pas un soldat en mission sexuelle. Plus tu jouiras d'elle sans retenue, au lieu de te concentrer mécaniquement sur son plaisir, plus elle se sentira sexy et se laissera aller.

**25.** Pour ce qui est des conversations sur l'oreiller, évite les longs monologues sur la ligue des champions, sur le fait que ta maman est géniale, sur tes diarrhées chroniques ou sur les moteurs des voitures italiennes.

**26.** Avoir le sens de l'humour, c'est sexy parce que c'est une preuve d'intelligence et parce que ça fait baisser la tension (si c'est bien fait, pas le genre "Qu'est-ce que ta mère est grosse !"). Je recommande l'humour dans toutes les situations, mais pas au lit. C'est le seul endroit où il ne faut pas dissiper les tensions. C'est bien de rigoler avant, c'est bien de rigoler après. Mais pendant, c'est mortel. C'est là où il faut que tu sois "méchant", le plus méchant possible.

**27.** Si elle laisse échapper un de ces stupides gémissements mécaniques qui tapent sur le système de la plupart des hommes, cela veut dire qu'elle s'intéresse plus à ta satisfaction qu'à la sienne. Cela veut dire qu'elle simule, qu'elle ne prend pas de plaisir. Rappelle-lui qu'elle doit aussi se régaler de toi, prive-la de la tentation de feindre l'orgasme.

28. Le sexe est sacré? Mon cul! En route pour l'obscénité. N'aie que mépris pour la littérature religieuse fondée sur l'antagonisme entre la pute et la sainte. Même si elle est, ou en passe de devenir, la mère de tes enfants, elle ne s'offusquera pas d'une bonne séance blasphématoire de baise.

29. Ah, une dernière chose : souviens-toi que tu ne t'es pas mis à genoux pour chanter l'alléluia mais pour sonner l'hallali.

# TOI QUI PÉNÈTRES EN CES LIEUX, ABANDONNE TOUTE INNOCENCE

*La chasteté, la perversion sexuelle le plus contre nature.*

ALDOUS HUXLEY

Il était égyptien. Et il était marié. Mais ça ne l'empêchait pas d'être un excellent amant, tout à fait charmant. Bien au contraire. Il avait hérité du sang chaud des grands pharaons. Mélangé avec l'ardente frustration engendrée naturellement par la vie sexuelle conjugale, cela faisait un cocktail explosif.

Pourtant, ce descendant direct de Khufu était un peu bizarre. Et ce n'est rien de le dire. Chaque fois que nous nous retrouvions à l'hôtel pour "consommer" notre union illégitime, la première chose qu'il faisait après m'avoir déshabillée, c'était de regarder au plafond de la pièce la flèche de la Kaba, vous savez, ce symbole qui donne la direction de La Mecque et indique aux bons musulmans, ceux qui craignent Dieu, vers où prier. Ils peuvent ainsi se tourner vers la ville sainte.

Il s'y entendait pour prier, mon pharaon. À quelque moment que survienne l'heure de la prière, il quittait tout doucement notre lit de débauche, tout nu, laissant tomber derrière lui de petites gouttes de sperme, comme dans une version X de l'histoire du Petit Poucet (à propos, dans le monde musulman, le sperme – *najas* – n'est pas considéré comme une substance dégoûtante), pour aller faire ses ablutions. Puis, il se ceignait la zone comprise entre le nombril et les genoux d'une serviette de bain Sheraton, se tournait vers la Qibla et se plongeait dans la *fâtiha*. Après cela, il revenait, buvait une gorgée de champagne et reprenait sa besogne d'humble mortel avec un enthousiasme spirituel renouvelé.

J'ignore s'il priait pour se faire absoudre de ce qu'il faisait avec moi ou pour implorer la force nécessaire pour continuer à obtenir ces impressionnantes érections. En tout cas, il faisait ça avec ferveur (je veux dire quand il priait, mais c'était vrai aussi pour ses érections), à tel point que lorsqu'il terminait, il avait une petite bosse sur le front à la suite des prosternations. Une fois, nous passâmes vingt-quatre heures ensemble et je le vis ainsi effectuer les cinq prières obligatoires.

Au début, cela me laissait perplexe. Je trouvais presque ça hilarant, comme une forme de subversion farfelue. Merci docteur Freud. Un musulman, marié, qui commet l'adultère, qui boit de l'alcool, mais qui persiste quand même à pratiquer chaque jour les prières que son Prophète lui a recommandées pour être certain d'accéder au paradis. Je n'étais pas inquiète, au contraire. J'étais presque sûre que mes "démons" finiraient par le contaminer et que, très prochainement, il ne se courberait plus que devant ma féminité. Mais, à ma grande déception, le gars se révélait plein de persévérance. Trois mois après, il était plus dévot que jamais. J'étais passée du stade de l'amusement à celui de l'agacement. Je commençais à chercher un moyen d'en terminer avant qu'il ne se mette à porter une de ces horribles barbes salafistes. Jusqu'au jour où il me procura lui-même le salut : alors que j'allais atteindre un orgasme époustouflant, il se retira brusquement de moi parce que c'était l'heure de la prière du soir. C'en était fini. J'en avais assez de ce Dieu qui se mettait en travers de mon plaisir. Au revoir Khufu.

Je ne le revis jamais, mais je l'imagine encore parfois, son instrument imposant pendouillant en l'air, en train de se préparer à ses invocations d'*Allahu akbar*. Il était persuadé d'être un homme chaste.

*

Cette histoire, qui m'est arrivée alors que j'avais environ vingt-cinq ans, m'avait procuré un sentiment de déjà-vu. Elle m'avait rappelé un autre homme "chaste" que j'avais rencontré plusieurs années auparavant, alors que j'étais étudiante. Il s'appelait père Hanna et c'était vraiment un catholique tout à fait exceptionnel : il était passé maître dans l'art de mélanger la direction spirituelle et le harcèlement des adolescentes. Il nous accompagnait lors des retraites spirituelles obligatoires et nous prodiguait des conseils concernant le doute et la foi, ainsi que sur le chemin plein d'épines qui les relie. Tout le monde avait confiance en lui : les parents, les enseignants, les sœurs, et je n'aurais pas été étonnée que même les nuages, le soleil, et toute la galaxie lui fassent également confiance. Il avait un tel visage radieux d'enfant, il parlait d'une voix si douce et si rassurante, que Belzébuth lui-même aurait succombé à son charme. Il ne lui manquait qu'une auréole éclatante au-dessus de la tête. Mais, à ce qu'il paraît, il était atteint par d'autres types de rayons.

Un jour, ce soi-disant saint, qui avait un sixième sens pour détecter les moutons noirs, me convoqua pour un entretien privé. Là, devant une imposante croix de bois accrochée au mur, il commença son entreprise de persuasion par un assommant sermon au sujet de la faiblesse du genre humain pour finir avec sa main, bénite mais moite, posée sur mes cuisses. Je sortis de la pièce en furie, remplie de dégoût. C'en était fini pour moi de cette croyance, déjà branlante, au sujet des prétendus vœux de chasteté et autres chimères du catholicisme.

Il ne faut pas généraliser les deux exemples qui précèdent. J'en suis parfaitement consciente, de même que je suis consciente de ce qu'il existe des millions de musulmans et de catholiques frustrés qui ne se permettent pas de répondre à l'appel de leurs "bas" instincts. Mais cela rend-il les religions institutionnalisées plus crédibles et plus viables? Davantage adaptées à la nature humaine? En quoi cela peut-il améliorer leur influence sur nos vies? Est-ce que les lois et les interdits religieux font de nous des êtres plus civilisés et plus humains? Permettez-moi d'en douter, pour ne pas dire plus.

*

Autre chose au sujet des faux puritains : j'ai lu des articles dans les médias au sujet d'une prétendue addiction d'Oussama Ben Laden aux films pornos. Je me suis d'abord demandé si l'histoire avait été inventée. Mais qu'est-ce que ça peut bien nous faire que Ben Laden ait aimé le porno ou pas? Cela ne change pas le fait que les gens comme lui sont très répandus et en constante augmentation dans nos sociétés arabes. Je veux dire des gens profondément atteints de schizophrénie. Comme ceux qui, d'un côté, déplorent la décadence mais, d'un autre côté, se prostituent intellectuellement. Ceux qui sont vertueux en public, mais débauchés en secret. Ceux qui sont obsédés par le sexe, mais qui n'arrivent pas à en parler ouvertement. Ceux qui lisent des ouvrages sur les valeurs et sur la chasteté, mais qui pourraient difficilement en être plus éloignés. Ceux qui appellent à prier et à renoncer au péché, mais laissent libre cours à leurs envies réprimées en des lieux où nul ne peut les voir ni les entendre.

Combien y en a-t-il, de ces personnages ainsi divisés, dans le monde arabe d'aujourd'hui ? Je ne chercherai même pas à répondre à cette question de rhétorique, il suffit de dire que, dans les pays arabes, le mot le plus "googlé" est le mot sexe. Comme l'a si bien dit Christopher Hitchens : "Rien de ce qui relève du choix n'est répréhensible, sauf si ceux qui entendent interdire ce choix (et imposer de féroces punitions) ont en eux-mêmes le désir refoulé d'en faire l'expérience."

*

Dans notre culture, les notions de vertu et d'abstinence sont considérées comme des synonymes, de même que les notions de liberté et de dépravation, surtout quand elles sont appliquées aux femmes. Une adulte libérée est souvent considérée comme une putain et non pas comme quelqu'un qui décide en toute légitimité de faire ce qu'elle veut de son corps, qu'il s'agisse de coucher avec un type, ou avec cinq, ou avec aucun. En fait, la plupart des Arabes définiraient la femme comme un être humain de nature angélique, rêvant de couchers de soleil romantiques, d'amour éternel et de recettes de cuisine spectaculaires. Tandis que l'homme serait un être humain de nature animale, cherchant l'aventure et le plaisir des sens, fuyant comme la peste les engagements pour toute la vie.

Quand je compare ces deux clichés, il me semble que, en dépit de mes évidents attributs féminins, je me retrouve davantage dans le dernier. Si l'on en croit la tradition, ces attributs féminins, ayant une fonction prédestinée, auraient dû me tenir à l'écart du marais hédoniste dans lequel je vis en apparence, et me conduire sur le chemin étroit et raide de la chasteté.

Je le redis, dans notre culture, les femmes qui osent éprouver les joies du sexe sont considérées comme atteintes de nymphomanie. Un terme clinique pour désigner celles qui cèdent à leurs désirs incontrôlés. (Et bien sûr, les hommes ayant le même comportement sont, eux, des étalons.) Un mot péjoratif employé dans le meilleur des cas avec une arrogante condescendance. Celles qui ne le disent pas tout haut portent cette accusation dans leur regard. Vous pouvez sentir leur hostilité, leur réprobation et aussi leur rejet. On peut presque les entendre dire : "Comment peux-tu te conduire ainsi ? As-tu oublié que tu es une femme ? Réveille-toi, reprends tes esprits ! Une femme arabe respectable ne se conduit pas de cette façon. Nous, ce que nous recherchons, c'est un engagement, le mariage à un homme, pas les plaisirs coupables."

J'entends ces voix réprobatrices, de Beyrouth à Riyad, de Damas à Doha. Je les entends et je les analyse, et je ne peux pas m'empêcher d'éprouver de la pitié envers elles. Des femmes influencées par des siècles de manipulation patriarcale et de dénégation forcenée, qui répètent en chœur les maximes que leur ont enseignées leurs mères arabes, leurs pères arabes, la société arabe, les milieux arabes de la religion et de la culture. Des femmes solitaires, desséchées, engluées dans ce vieux schéma patriarcal qui veut qu'une femme ne doit pas "donner" son corps à un homme avant de lui avoir passé la bague au doigt. Et ce sont pour la plupart des hommes qui décident de ce que doit être pour les femmes la bonne façon de se comporter, une façon correcte, respectable, distinguée. Et ils voient dans leur habitude de traînasser et de gaspiller leur temps une marque certaine de bonne éducation et de moralité.

Mais je vous demande de m'expliquer ça : en quoi la moralité est-elle concernée par la fréquence avec laquelle j'utilise, ou pas, mon vagin ? Qui peut affirmer que les besoins naturels de mon corps sont contraires à mes valeurs morales ? En quoi mon libre arbitre est-il un affront à ma condition féminine ? Le véritable affront, c'est d'avoir conduit tant de femmes à considérer leur corps comme un objet, comme un cadeau. À croire que leur corps a pour seule utilité de satisfaire l'homme. Qu'il ne doit pas servir à leur procurer du plaisir. Le véritable affront, c'est d'avoir persuadé ces femmes qu'elles n'étaient pas censées jouir librement de leur corps, de prendre des libertés avec lui, de satisfaire sa faim et d'étancher sa soif.

Bien des femmes diront : "Mais si je me comporte comme ça avec un homme, il va me prendre pour une putain, et il me quittera pour une autre !" Croyez-moi, ce n'est qu'un cliché de plus. Un cliché qui joue contre vous, contre vos droits, contre votre droit à vivre pleinement, de la façon qui vous convient. Encore une fois, quelle importance s'il vous quitte pour une autre ? Est-ce que ça vaut la peine de lui accorder une telle place, de s'investir autant sur le plan émotionnel, s'il se révèle être un tel connard de macho ?

\*

Alors la chasteté ? Une usine à névroses. Je me demande ce qui est le plus moral : une femme nue éprouvant un orgasme dans les bras d'un homme qu'elle aime ou qu'elle désire, ou un homme se masturbant en fantasmant sur cette femme, quitte à la condamner plus tard en public ?

Et encore plus important : qui des deux est le plus dépravé ?

# IX

# LA DÉSASTREUSE INVENTION
# DU MARIAGE

*Il est un temps pour toutes choses – sauf le mariage, mon cher.*

THOMAS CHATTERTON

# SÉRÉNITÉ

Je veux créer pour nous un monde parallèle,
sans soucis temporels :
pas d'attentes, pas de regrets,
pas de fantasmes inassouvis ;
pas de désirs inavoués, pas de kits de survie ;
pas de doutes, mais pas de certitudes non plus.

Un monde parallèle,
sans bébé qui hurle dans la nuit,
sans soucis pour les frais de l'école ;
sans dispute imbécile le matin
si les céréales viennent à manquer.

Sans triste rictus autour de la bouche
sans cernes noirs autour du cœur ;
sans chaînes serrées autour du cou,
sans "je suis trop fatiguée pour faire l'amour".

Un monde parallèle,
où l'on n'a pas besoin d'excuses banales,
de mensonges de convenance,
de ticket de sortie,
d'adieux timorés.

Pas besoin de "à toi pour toujours"
ni de "je suis sans attache".

Un monde impossible,
infini comme un poème jamais écrit
avec rien que toi et moi,
nus dans les bras de l'autre,
grands ouverts à notre faim,
comme deux rameaux libres.
Et le temps sera suspendu autour de nous,
immobile et serein,
serein comme le cadre joyeux d'une photo
sur un vieux bureau de bois.

# LES RESSORTS
# D'UNE BÉVUE ANCESTRALE

*La bigamie, c'est avoir une femme de trop. La monogamie, c'est la même chose.*

OSCAR WILDE

PREMIÈRE ÉTAPE
De l'anonymat, on passe à la curiosité. Puis il y a une étincelle. Aucun doute. Comme deux bâtons qu'on frotte l'un contre l'autre produisent nécessairement de la chaleur. Peut-être aussi n'est-ce qu'une coïncidence. Essayons de garder la tête froide et d'éviter les surinterprétations. Après tout, il y a une certaine probabilité pour que deux lignes non parallèles se rencontrent en un point donné. Simple affaire de géométrie. Une autre étincelle. L'appel séduisant de l'inconnu, comme dirait le poète romantique. Et voilà la souris, elle est en vous. Et la souris ne peut pas s'empêcher de regarder furtivement derrière le rideau. Voilà la souris prise. De son plein gré.

DEUXIÈME ÉTAPE
De la curiosité, on passe à la passion. Tous les éléments d'une parfaite dénégation se mettent en place : l'auto-persuasion, l'auto-indulgence, l'auto-empathie,

l'auto-déception… L'autre partie ne peut être tenue pour coupable, il faut la considérer comme un simple instrument du destin. Elle se trouve là, au bon endroit, au bon moment, grâce à X (les circonstances, la destinée, Dieu, qu'importe…). Einstein, bien sûr, savait tout cela. Alors vous décidez de vous marier, d'avoir des enfants et de vivre heureuse à jamais. C'est ce qu'on vous a appris à faire une fois trouvé le bon numéro. "Alerte ! Alerte !" auraient hurlé les hommes des cavernes. Hélas, ils ne connaissaient pas la parole, à l'époque.

TROISIÈME ÉTAPE

De la passion, on passe à la haine. Le mariage vous a rendu la vue. Heureusement. Même si c'est trop tard. "Mieux vaut tard que jamais" est un adage sans lendemain, "Le plus tôt sera le mieux" est sûrement préférable. Le mariage vous rend la vue et le spectacle est, la plupart du temps, tout à fait repoussant, pour ne pas dire plus : déceptions, frustrations, ennui, routine, disputes, points faibles, chaussettes sales, c'est-à-dire la réalité, la réalité toute nue, brutale et sans élégance. C'est l'histoire sans fin du gigantesque éléphant dans le séjour. Mais vous vous étiez en quelque sorte débrouillée pour ne pas le voir auparavant. La période de la gentillesse est bien révolue.

QUATRIÈME ÉTAPE

De la haine, on passe à l'indifférence. C'est à ce moment précis qu'arrive votre véritable libération : la haine est un mythe qui ne vaut pas sa réputation. Et c'est l'indifférence, l'indifférence seule qui vous libère définitivement du mirage. Ou vous décidez de rester (pour le bien des gosses, essayez-vous de vous convaincre. Ou pour le respect des conventions sociales) ou vous choisissez de reprendre votre liberté. Dans les deux cas, votre engagement disparaît et, avec lui, les fantômes de Cendrillon et du Prince Charmant.

Et la souris qui est en vous recommence à errer sans but, bien déterminée à ne plus jamais regarder furtivement derrière ce satané rideau. Allons ! Il ne faut rien exagérer, disons au moins pendant un certain temps, pour certaines d'entre nous. Car c'est souvent la victime, et non pas le coupable, qui revient sur les lieux du crime.

# JE TE PRENDS
# POUR AMANT PASSAGER

*Il faut de la patience pour apprécier le "bonheur domes-tique" ; les esprits volatiles préfèrent le malheur.*

GEORGE SANTAYANA

J'avais pleuré pendant toute la cérémonie. Des larmes brû-lantes qui coulaient le long de mes joues de vingt ans comme les chutes du Niagara, sans que j'arrive à les arrêter. Ma mère était persuadée que c'était parce qu'elle allait me manquer, elle se félicitait intérieurement d'avoir élevé une fille aussi douce et aussi aimante. Mon père, qui s'était d'abord opposé à mon mariage, craignait que je ne tienne pas le coup (il aurait mieux fait de le souhaiter) et commençait à chercher des solutions pour me faciliter la sortie de l'église. Mon promis, tout fier, mettait cela sur le compte de l'émo-tion consécutive à notre union. Mes futurs beaux-parents pensaient que je pleurais de joie à l'idée d'avoir effectué une si belle prise (sans commentaire).

L'évêque était persuadé que j'avais été émue par l'épître de saint Paul (l'homme ayant autorité sur la femme). Je ne pou-vais déjà pas blairer cet apôtre misogyne et je n'ai pas changé d'avis depuis. La demoiselle d'honneur croyait que je pleu-rais parce que je n'aimais pas sa robe (c'était d'ailleurs vrai).

Ma tante, une vieille fille de cinquante ans, s'imaginait que j'étais effrayée à l'idée de la nuit de noces et de la perte de ma virginité qui allait inéluctablement en découler. (Pour être tout à fait franche, me débarrasser de ce fardeau était probablement la chose que j'attendais avec le plus d'impatience en ce jour sacré.)

Mais aujourd'hui, plus de vingt ans après, le moment est venu pour moi de révéler que ces larmes amères pendant ma première cérémonie de mariage avaient une cause encore plus atroce que celles énumérées ci-dessus : voyez-vous, j'avais des chaussures blanches toutes neuves, à talons hauts, et qui torturaient mes tendres petits pieds bien pédicurés de future mariée. C'est peut-être la meilleure métaphore de tout ce que représente le mariage pour moi : un choix douloureux, plutôt chérot, encore que parfois inévitable.

*

On dit que la nécessité est mère de toute invention. Je me suis souvent posé la question de la véracité de cette assertion en pensant à des inventions comme les chaussettes à motif de chat, les caches pour papier-toilette, l'eau de Cologne parfum bacon... et le mariage. Il y a au moins quatre choses qui clochent dans la façon dont on le conçoit et dont on le pratique dans presque tous les pays arabes. Si vous le voulez bien, passons ensemble en revue ces malfaçons.

Dans le monde arabe, le premier inconvénient du mariage est qu'il est contrôlé par la religion. Il n'y a toujours pas de mariage civil dans la plupart des pays arabes, même dans notre Liban "moderne" (il faut le dire vite). Chaque mariage est dirigé par l'autorité religieuse et ce n'est qu'après l'inscription sur les registres de l'autorité religieuse agréée que l'on est inscrit dans ceux de l'administration. Toutefois, le régime du Liban, plein d'hypocrisie, reconnaît les mariages civils lorsqu'ils ont été contractés à l'étranger. Voilà pourquoi Chypre est devenue la destination favorite des couples libanais qui veulent éviter le mariage religieux.

Le principal inconvénient du mariage religieux, en dehors du fait, bien sûr, qu'il soit religieux, c'est la difficulté d'obtenir le divorce, et la procédure partiale qui le régit. (Cette partialité reste à l'évidence dirigée contre les femmes.) Une de mes amies m'a avoué une fois qu'un prêtre catholique du tribunal religieux lui avait demandé pour quelle raison elle souhaitait divorcer. Elle avait répondu que c'était parce qu'elle avait surpris son mari en train de faire l'amour avec sa propre sœur. Le prêtre lui avait dit calmement : "Ma chère fille, vous devriez être plus patiente avec lui." Cette histoire me donne envie de vomir. D'autres amies m'ont raconté qu'il pouvait arriver qu'on exige d'elles des faveurs sexuelles en échange d'une accélération de la procédure. Et je ne parle pas de la garde des enfants, laquelle est presque systématiquement confiée aux pères. Quand une femme demande le divorce pour cause d'adultère, la plupart du temps, on lui tape sur l'épaule et on la renvoie à la maison. Si c'est un homme qui le demande, alors les portes de l'enfer s'ouvrent et la garce est privée de tous ses droits. Votre mari vous bat ? Restez calme et n'en faites pas tout un plat. Il y a même un proverbe chez nous pour justifier et même encourager ça. Les Arabes ont coutume de dire : "Les coups d'un amant sont aussi doux que le raisin sec." Comme j'aimerais bourrer de raisins secs la bouche de ces tyrans.

Mais au fait, quand le mariage a-t-il commencé à devenir une pratique religieuse ? Dans la plupart des anciennes civilisations, l'institution servait à l'origine à satisfaire chez l'homme son besoin de confiance en soi et à établir la paternité des enfants. Mais on considérait qu'il s'agissait d'une affaire privée, d'ordre temporel. Il n'y avait pas de procédure contraignante ni de cérémonie particulière. Il s'agissait simplement d'un accord mutuel entre un homme et une femme pour considérer qu'ils formaient un couple. Là-dessus le monothéisme est arrivé et le mariage est devenu une union qui avait besoin d'être "consacrée" par Dieu. Encore une idée de génie pour mieux maîtriser le peuple, pour organiser le monde de la sexualité, les relations entre les hommes et les femmes, et les droits des gens, qu'ils soient politiques, civils ou économiques.

Dans le judaïsme, dans le christianisme et dans l'islam, le mariage a été élevé au rang de sacrement, un lien sacré imposé par Dieu, et dans lequel il est directement impliqué. Ce même Dieu surveille la reproduction ainsi que toutes les activités sexuelles afférentes. (Les hommes invisibles doivent avoir bien du travail, non?) Les enfants arabes nés en dehors du mariage religieux sont, encore à ce jour, tenus pour être des "bâtards", ils sont défavorisés par la loi, et stigmatisés sur le plan social du fait de leur illégitimité. Ce n'est que récemment que le précédent ministre de l'Intérieur, Ziad Baroud, a réussi à faire supprimer cette mention des certificats de naissance pour les enfants libanais nés hors mariage. Et il reste un long chemin à parcourir pour qu'ils soient complètement acceptés sur le plan légal comme sur le plan social. Et je ne parle même pas de leur situation dans d'autres pays arabes, comme la Jordanie ou l'Arabie Saoudite. Là-bas, bien des femmes, ne pouvant pas avoir accès à l'avortement, choisissent de se suicider si "cela" leur arrive. Pour elles, la mort est préférable à la honte d'être enceinte sans être mariée (même si, dans bien des cas, leur grossesse est la conséquence d'un viol par un membre de leur famille).

Je me rappelle avoir participé à une conférence à Milan sur le sujet de la discrimination. Une des femmes de l'assistance me posa une question sur la situation des mères célibataires au Liban. Je faillis éclater de rire. De frustration bien sûr, pas d'amusement. Des mères célibataires ? Pour autant que je sache, ça n'existe pas. Au Liban, et plus généralement dans le monde arabe, il n'y a que deux sortes de femmes : celles qui sont mariées, et les putains, c'est-à-dire celles qui salissent la réputation de leur famille en tombant enceintes sans être mariées. Et il est impossible de "voir" ces dernières. Elles sont tout simplement invisibles. Au mieux, on parle d'elles à voix basse.

Et pourtant, nombre de femmes accomplies rêveraient d'être des mères célibataires. Le mariage ne semble inévitable qu'à cause de ce désir d'avoir des enfants. Il m'arrive assez souvent d'entendre certaines de mes amies non mariées me dire à quel point elles aimeraient avoir un bébé sans avoir obligatoirement à supporter le fardeau d'une relation conjugale. Mais ce rêve reste effectivement du domaine du rêve, de même qu'une simple cohabitation en dehors du mariage. Je parierais volontiers qu'il s'écoulera encore beaucoup de temps avant que nous ne commencions, dans le monde arabe, à éprouver de la fierté et du respect pour nos mères célibataires.

Il n'est pas inutile non plus de constater que le mariage constitue une activité lucrative pour les institutions religieuses et leurs notables. De fait, c'est devenu une vaste opération financière, un marché juteux, pas seulement pour les traiteurs et les marchands de fleurs, mais aussi pour les prêtres et les cheikhs. Il existe encore des endroits où la dot (*mahr* pour les musulmans) est exigée. Les arrangements financiers sont conclus entre le fiancé (ou sa famille) et la famille de la future épouse. Ces transactions, qui ressemblent quand même un peu à un trafic d'esclaves, servent, nous dit-on, à rendre le divorce plus difficile pour le mari. Cette façon de dire "Je ne reste avec toi que parce que je ne peux pas me permettre de te quitter" me semble d'une logique malsaine, insuffisante pour valider le choix de rester ensemble quand il y a urgence à se séparer. Comment peut-on imaginer qu'un obstacle d'ordre financier puisse améliorer la qualité d'une relation entre deux personnes ? Que cela puisse favoriser l'amour et l'intimité ? Ah ! J'avais oublié : le mariage, ça n'est pas ça.

*

La deuxième chose qui cloche avec le mariage dans le monde arabe, c'est qu'il s'agit d'une institution patriarcale, une institution qui prône la supériorité du mâle, et favorise son emprise sur la femme. En réalité, une femme arabe, aux yeux de la société, n'acquiert de statut qu'en devenant la femme de quelqu'un (notons qu'il existe un mot pour désigner une femme non mariée, mademoiselle, comme dans beaucoup d'autres langues, mais qu'il n'y a pas d'équivalent pour un homme célibataire). On traite les vieilles filles avec pitié et condescendance. Je ne parle pas de ces femmes qui ont déjà un travail, mais de qui on attend qu'elles s'occupent de la plupart des tâches domestiques. Il est très clair que le monothéisme a directement entraîné la dérive patriarcale du mariage, en en faisant une institution régie par les hommes à leur avantage et au détriment des femmes mises en état de subordination. "Femmes ! Soumettez-vous à vos maris et au Seigneur." Une bonne épouse doit obéir à son mari, elle dépend de son autorité. Une bonne épouse doit supporter toute atteinte sexiste (cela va du harcèlement à l'agression sexuelle) et la considérer comme "naturelle" à cause de la suprématie culturelle, économique, politique et légale de son mari. Une bonne épouse doit s'occuper de la maison et des enfants : pendant que son mari investit la sphère publique, elle travaille en coulisses (à elle de procurer les soins, de bercer les enfants).

Mais est-ce que tout cela est la faute des hommes ? Sûrement pas. Un bon exemple pour illustrer cela, ce sont ces nombreuses épouses libanaises qui sous-traitent les tâches domestiques et l'éducation des enfants (aux Éthiopiennes, aux Sri-Lankaises, aux Philippines, etc.) mais sans pour autant consentir à participer au financement du ménage. Elles veulent être traitées comme des égales, mais ne gardent que les avantages de l'égalité. Et, par-dessus le marché, elles continuent à élever leurs enfants en inculquant aux garçons le goût de la domination, la brutalité et le narcissisme, et aux filles la passivité, plutôt que de les encourager à considérer les deux sexes sur un plan d'égalité.

Pour en revenir au lien entre le mariage et le patriarcat dans le monde arabe, ai-je besoin de vous rappeler que les musulmans sont autorisés à avoir jusqu'à quatre épouses ? Essayez donc de dire à ces messieurs que vous aimeriez bien, à titre de réciprocité, voir une femme musulmane avoir quatre époux. Ce serait l'hérésie absolue. Ça ne les empêche pas de vous parler pendant des heures du respect qu'il y a, dans le monde musulman, pour la dignité de la femme et pour ses droits. Ils n'ont que les mots de justice et d'honnêteté à la bouche. Non, le temps des harems n'est pas révolu.

Et que dire de cette loi qui stipule qu'un violeur peut rester libre s'il épouse sa victime ? Laissez-moi, à ce sujet, vous raconter l'histoire d'Amina Filali, une fille marocaine de seize ans, qui s'est suicidée en mars 2012 après avoir été obligée d'épouser celui qui l'avait violée. L'article 475 du Code pénal marocain permet à l'auteur d'un détournement de mineur d'échapper aux poursuites en épousant sa victime. Cet article fut donc invoqué pour justifier cette pratique, courante, du mariage d'une jeune fille avec son violeur pour protéger l'honneur de la famille de la victime. Au bout de cinq mois de mariage, Amina se plaignit auprès de sa mère de ce que son mari la battait régulièrement, mais sa mère lui conseilla d'être patiente. Alors la jeune fille mit fin à ses jours en avalant de la mort-aux-rats. La loi imbécile que je mentionne plus haut n'est pas l'apanage du seul Maroc. Dans bien des contrées du Moyen-Orient, y compris au Liban (l'article 522 de notre Code pénal est identique. Il autorise même les violences faites aux enfants et le fait d'abuser sexuellement les handicapés mentaux), il existe une loi selon laquelle un violeur ou un harceleur peut échapper aux poursuites judiciaires en épousant sa victime, qui recouvre ainsi son honneur. Voilà comment on "sauve" un criminel tandis que la victime est punie pour le restant de ses jours.

Et que dire du *zawaj al-mut'ah* ou *nikah al-mut'ah* (mariage d'agrément) dans le chiisme? Il s'agit d'un mariage contractuel, à durée limitée, qui est automatiquement dissous à échéance du terme sans avoir besoin de recourir au divorce. La femme a juste à dire : "Je t'épouse pour la somme de tant (elle précise le montant) et pour telle durée (elle précise cette dernière)." Et l'homme répond : "J'accepte." Et c'est tout. Une de mes amies m'a raconté qu'une fois, son cousin avait voulu contracter un mariage d'agrément avec une prostituée russe. Il avait fallu qu'il lui fasse répéter comme à un perroquet les formules sacrées requises en arabe pour que ce mariage soit légalement validé. Pour quelqu'un de sain d'esprit, cela représente une forme de prostitution légale, puisque ce prétendu mariage peut très bien ne pas durer plus d'une demi-heure et que la femme reçoit pour cela une compensation financière. Mais les chiites considèrent ça comme un mariage sincère, pas comme une occasion de débauche. Il suffit de mentionner le nom d'Allah et de réciter quelques versets coraniques et vous évitez le péché. Ce n'est plus une prostituée que vous baisez, vous ne faites que consommer une union légale autorisée par Dieu. Il faut noter par ailleurs que, dans ce cas précis, vous n'êtes pas limité à un nombre de quatre épouses puisque l'époux n'a pas à subvenir aux besoins de son épouse et que cette union n'est pas permanente. Un homme peut donc épouser autant de "femmes d'agrément" qu'il le souhaite (s'il peut payer) : je le redis, tout cela empeste les remugles du harem.

Il y a aussi le *zawaj al misyar* ou *nikah al misyar* (mariage de voyage), principalement pratiqué par les sunnites, par lequel un homme peut prendre femme à titre temporaire lorsqu'il voyage à l'étranger. Pour une civilisation aussi conservatrice, qui punit la fornication ou d'autres relations sexuelles en dehors du mariage consacré, cela ressemble fort, de nouveau, à une débauche institutionnalisée. Il y a beaucoup de similitudes entre le mariage d'agrément et le mariage de voyage, à deux exceptions près : la durée d'expiration planifiée dans le cas du mariage d'agrément et le fait que le mariage de voyage des sunnites requiert la présence de deux témoins adultes mâles. Dans le cas du mariage d'agrément des chiites, Allah et le Coran peuvent tout à fait suffire comme témoins.

Il faut parler aussi du mariage des enfants. L'islam enseigne que les filles entrent dans l'âge adulte au début de la puberté (comme si le commencement de la puberté était un gage de maturité) et qu'elles sont donc bonnes à marier. La tradition musulmane veut que Mohammed ait proposé le mariage à Aïcha alors que cette dernière avait six ans. Il estima que son silence pouvait passer pour un consentement. Quelque deux ou trois ans plus tard, il consomma ce mariage avec elle. Il avait cinquante-deux ans et elle neuf. Ces horribles pratiques restent-elles cantonnées à l'époque de Mohammed ? On le souhaiterait. La quantité scandaleuse de ces mariages d'enfants dans le monde d'aujourd'hui, impliquant des filles de onze ou douze ans, vendues par l'Iran au Yémen ou par l'Arabie Saoudite à l'Afghanistan, prouve que ce problème est loin d'être résolu. L'organisme humanitaire CARE estime qu'il y a plus de soixante millions de filles mariées de moins de dix-huit ans, pour beaucoup d'entre elles à des hommes deux fois plus âgés, voire davantage. Bien sûr, toutes ces filles ne sont pas des musulmanes. Je ne prétends pas que l'islam soit seul en cause dans cette histoire de mariage d'enfants. Il y a de toute évidence d'autres problèmes derrière tout cela, d'ordre économique, culturel ou social. Il n'en reste pas moins que l'islam permet, autorise et même encourage les mariages d'enfants, puisque le prophète Mohammed constitue le meilleur des exemples! Il a également été constaté que les mariages d'enfants concernant des filles musulmanes étaient en augmentation dans certains pays occidentaux, comme l'Angleterre et le Canada.

Il y a le cas, particulièrement tragique, de cette jeune fille yéménite de treize ans, Ilham Mahdi al-Assi, morte en 2010, trois jours après son mariage, après avoir été ligotée, violée à de multiples reprises, puis abandonnée alors qu'elle se vidait de son sang par son "tendre" mari. Il y a aussi cette jeune Saoudienne de dix ans, Hala al-Youssef qui, en août 2009, fut renvoyée par son père chez son vieil époux. Elle se cachait chez sa tante depuis plus d'une semaine lorsqu'on la découvrit. À l'origine, c'était sa sœur, plus âgée, qui devait épouser le vieillard de quatre-vingts ans mais, comme cette dernière avait préféré poursuivre ses études, le père avait donné en remplacement sa fille de dix ans, comme le veut la charia.

Si cette charia n'est pas en train d'institutionnaliser la pédophilie, la prostitution et le trafic d'esclaves, alors comment faut-il appeler cela?

*

Le troisième inconvénient du mariage, c'est qu'il impose au genre humain des contraintes irréalistes. Par exemple, dès le début, on considère qu'il s'agit d'un contrat éternel. Il n'y a pas de date de péremption sur la bague, pas d'échappatoire à ce toit sous lequel vous êtes censés vivre tous les deux. Cela engendre une sensation d'étouffement, un immense besoin de retrouver sa propre intimité, de respirer à pleins poumons. Bien sûr, on peut toujours vivre dans deux maisons séparées (j'ai expérimenté cela lors de mon deuxième mariage), mais c'est difficile à prolonger pour des raisons économiques.

Malgré l'importante augmentation du taux des divorces à travers le monde, le mariage est toujours pensé comme l'institution du "Nous deux pour la vie". Est-ce que cela n'en enlève pas le piment ? Ne ferait-on pas mieux de se dire que tout cela peut finir d'une minute à l'autre ? Ne serait-ce pas plus excitant de considérer le mariage comme un visa d'entrée plutôt que comme une résidence permanente ? Après tout, il est bien connu que les touristes apprécient davantage les pays étrangers que leurs habitants. Les soucis (ceux que l'on subit comme ceux que l'on crée) sont une forme d'expression artistique. On apprécie d'autant plus la situation si on sait que l'on peut perdre l'autre à tout instant. Cela nous pousse à profiter de lui ou d'elle encore davantage.

D'après de récentes statistiques, ce sont le plus souvent les femmes qui sont à l'origine des séparations. Apparemment, les hommes sont moins enclins à partir. Et je pense savoir pourquoi. À mon humble avis, cela est dû au fait que les hommes mariés jouissent de plus de facilités pour laisser libre cours à leurs instincts que les femmes. C'est plus facile pour eux de ne pas se faire prendre. Ils ont de bonnes épouses à la maison, qui s'occupent des enfants, et qui leur procurent une relation émotionnelle stable dans un cadre social conventionnel lorsqu'ils en ressentent le besoin. Mais à l'extérieur, ils peuvent faire ce qu'ils veulent, si ça leur chante. La plupart des statistiques montrent que, partout dans le monde, il y a plus de probabilités pour qu'un homme trompe sa femme que l'inverse (même si le nombre de femmes infidèles est en augmentation). Mais ça n'est pas parce que les femmes sont moins sujettes à la tentation, ou plus résistantes à l'appel des sens, comme on le leur répète depuis l'enfance. C'est simplement parce que c'est souvent plus facile pour les hommes (ils ont davantage de liberté de mouvement et peuvent plus facilement se procurer des alibis) et parce que, dans notre contexte patriarcal, un homme qui trompe sa femme est moins sévèrement jugé qu'une femme qui trompe son mari. Si un homme a une aventure, on lui trouvera des excuses, tandis qu'une femme qui a une aventure est considérée comme une débauchée. Lorsqu'il est pratiqué par un homme, le sexe en dehors du mariage est considéré comme une faute bénigne pardonnable, une erreur passagère. Mais s'il s'agit d'une femme, on parlera de grave trahison. Sans compter le poids de la culpabilité, historiquement plus élevé chez les femmes que chez les hommes.

Bref, les hommes peuvent se payer le luxe de faire tout ce qui ressemble à un abandon de leurs épouses, sauf l'ennuyeuse concrétisation du vrai départ. Certains d'entre eux ont même le feu vert de leurs femmes pour vagabonder et réaliser leurs frasques de temps en temps, pourvu qu'ils restent discrets et préservent les sacro-saintes apparences. Ils gardent ainsi pour eux le meilleur côté de ces deux univers. Alors, à quoi bon se prendre la tête ?

Mais bien sûr, ce n'est pas parce que les femmes ont l'opportunité d'avoir des aventures qu'elles demandent le divorce davantage que les hommes. La raison pour laquelle les femmes sont plus enclines à s'en aller, ce n'est pas tant le fait d'être trompée que leur réticence à se fixer. Pour la plupart des hommes, les apparences ont une grande importance. Et un mariage de convenance leur suffit si ces apparences sont sauves. Cela vaut pour eux la peine de se fixer. Mais la plupart des femmes veulent autre chose. Elles veulent de la passion, elles recherchent l'intimité avec un partenaire. Et tout cela provient du fait que les femmes et les hommes sont élevés de façon bien différente au sujet du mariage. La culture patriarcale impose aux jeunes filles une vision romantique et idéalisée du mariage tandis que pour les garçons, qui grandissent dans un monde de mecs, le mariage représente la fin de la liberté. Bref, pour les garçons, le mariage, c'est se ranger (plutôt ennuyeux). Tandis qu'on apprend aux filles que le mariage consiste à trouver le bonheur durable (et ils vécurent heureux pour toujours). On voit bien où sont les attentes les plus hautes et par conséquent où on a le plus de chance de constater déception et frustration.

Voilà pourquoi je préconise de se marier deux, trois ou quatre fois au fur et à mesure que nos besoins évoluent, même si le prix à payer pour cela est de perdre une relation pleine de richesse, et de bouleverser la vie de nos enfants. Parce que, d'après moi, la vie de nos enfants sera davantage bouleversée par des échanges amers, des disputes et notre propre déception, que par une séparation courtoise.

Trop d'entre nous confondent le fait d'être un bon partenaire avec celui de vouloir aller de l'avant. Trop d'entre nous pensent que quelqu'un de bien tient ses promesses même si ces promesses le rendent malheureux. Une relation vraiment satisfaisante nécessite davantage que la sinistre détermination à ne pas s'en aller même si les choses tournent mal. Elle mérite mieux qu'un satisfecit de bonne conscience parce qu'on reste pour les enfants. Elle exige davantage qu'un lâche faux-semblant d'harmonie. Une vraie relation nécessite, mérite et exige, d'abord et avant tout, le désir profond de partager votre vie avec quelqu'un. Mais, encore une fois, le mariage, c'est une autre histoire.

*

Un autre inconvénient du mariage, c'est cette exigence d'une monogamie à vie. Les règles de la religion n'autorisent même pas une personne à en désirer une autre, homme ou femme, sans même parler du passage à l'acte (encore une fois, comme la femme est considérée comme étant la propriété de l'homme, son adultère est toujours traité avec plus de sévérité que celui d'un homme). Là, je sais que je m'aventure dans un champ de mines, mais je n'attends pas forcément d'un homme qu'il me soit fidèle. Je ne veux pas d'un homme qui se contraint lui-même à ne pas coucher avec d'autres femmes tandis qu'il couche avec moi. S'il arrive à un homme de choisir de ne pas coucher avec d'autres femmes, je veux que ce soit inévitable, inéluctable comme un feu qui dévore la forêt, pas un choix rationnel, comme pour l'achat d'une voiture. Je veux qu'il le fasse parce qu'il ne peut pas faire autrement, pas par crainte de me faire du mal, ou alors par peur d'être découvert, et en tout cas pas à cause d'obligations morales, du serment de mariage ou de la pression de la culpabilité.

La fidélité, lorsqu'elle est vécue comme une éthique rigoureuse, et non pas comme un instinct naturel et spontané, engendre la frustration. Moi, je ne veux pas d'homme frustré dans ma vie. La frustration réclame de la gratitude, la gratitude exige de la modération et la modération conduit à la duplicité. La duplicité engendre le mensonge, le mensonge attire la déception, et la déception amène le dégoût. C'est le cercle vicieux sans fin des relations contre nature.

Faire de la monogamie une affaire de décence est un cliché tout à fait simpliste. Comme si la seule chose qui empêchait les gens de se conduire comme des animaux était cette obligation d'être sexuellement fidèle à son partenaire. Comme j'aurais aimé que ce soit vrai ! La monogamie, c'est trop souvent un dogme véhiculé par l'implacable fardeau de la religion, qui enseigne à chacun à agir comme une machine, à recopier des comportements sans jamais les remettre en question. Mais être un humain, cela veut dire tout remettre en question, ouvertement. Être un humain, cela veut dire savoir qui on est, et ne pas choisir un chemin parce qu'on y est contraint mais parce qu'on l'a ouvert. Être un humain, cela veut dire aussi accepter les conséquences de nos actions et de nos choix, sans chercher de boucs émissaires, encore un autre comportement induit par la religion.

La monogamie est trop souvent une affaire de possessivité, une prison sexuelle imposée par la société, pouvant conduire à la colère et au mépris. Ce n'est pas la seule forme appropriée pour une relation. Il est grand temps que la société en invente d'autres et l'une de celles-ci pourrait être un mariage libre sexuellement parlant.

Vous savez, je ne crois pas que ce soit l'infidélité qui brise les mariages. C'est plutôt l'espoir déraisonnable que le mariage peut refréner le sexe. C'est l'intimité émotionnelle qui constitue une menace pour les relations, pas le sexe. La plupart des gens ne pratiquent pas l'adultère parce qu'ils n'aiment pas leur partenaire, mais simplement parce qu'ils ont envie d'avoir des expériences sexuelles avec d'autres. Ils peuvent être émotionnellement monogames tout en étant sexuellement polygames. Ils restent souvent longtemps avec un partenaire attitré, pour des raisons sociales et émotionnelles, tout en éprouvant de temps à autre le besoin impérieux de récréations sexuelles avec d'autres. Et contrôler l'un des partenaires pour protéger l'autre ne fait qu'empirer les choses. C'est cela qui les pousse à s'en aller. Car les humains ont prouvé à maintes reprises qu'ils n'étaient pas très forts pour contrôler le désir de leur corps.

Je ne fais pas ici l'apologie de la tromperie. Je préconise des relations libres et équitables, au-delà des schémas de la jalousie et du contrôle, lesquels peuvent être très préjudiciables et étouffants dans le cadre du mariage. Dans une relation libre, il faut une honnêteté et une transparence mutuelles si l'on veut arrêter l'usine à déception. C'est tout simplement plus sensé que de mentir et de trahir. Une autre condition importante à ce type d'union serait que les *deux* partenaires adhèrent à son concept. Beaucoup d'hommes veulent des à-côtés sexuels pour eux, mais pas pour leurs épouses. C'est injuste, égoïste et totalement inacceptable : c'est encore un autre modèle patriarcal.

*

Je vous choque? Demandez-vous pourquoi juste un instant. Serait-ce parce que vous avez été conditionné? Serait-ce parce que vous croyez en une liberté conquise mais pas dans une liberté offerte? Serait-ce parce qu'on vous a appris à confondre amour et possession? Serait-ce parce que vous avez peur de la concurrence? Je vous laisse deviner. Mais dans votre lit, il y a toujours le fantôme d'autrui. Un couple qui fait l'amour n'est jamais composé que de deux personnes.

J'ai publié une fois une nouvelle qui parlait d'une femme mariée faisant mentalement sa liste de courses tandis qu'elle faisait l'amour avec son mari. Cette histoire suscita l'indignation de quelques lecteurs, comme si j'avais commis un sacrilège. Si vous êtes tenté par une piqûre de dénégation, venez dans nos pays. Mais attention, le risque d'overdose est très élevé.

Combien de femmes mariées subissent les rapports conjugaux comme une corvée ? Combien n'apprécient guère les quelques allers-retours rituels du samedi soir, trois minutes montre en main ? Certaines m'ont même avoué trouver un soulagement aux liaisons de leur mari : moins de pression sexuelle et davantage de cadeaux onéreux de la part de l'infidèle. Eh oui, même l'adultère constitue un marché ! Alors, qui est le plus corrompu ? L'escroc ou sa victime ? Avec cynisme, je répondrai ceci : ni l'un ni l'autre, tout cela n'est qu'une question d'offre et de demande.

Je ne prétends pas qu'il n'y a aucun monogame ici-bas. Bien sûr qu'il y en a. Et la monogamie reste une belle chose, lorsqu'elle est authentique et réciproque. Paradoxalement, il n'y a rien de plus libératoire que cette sensation de ne plus vouloir ou désirer personne d'autre que la personne que vous aimez, et que cette personne ne veut ni ne désire personne d'autre que vous. Je suis passée par là, et c'est peu dire que j'ai trouvé ça grisant et merveilleux. Mais il faut que ce soit partagé et spontané pour que ça fonctionne et que cela prenne du sens. Combien sont monogames par devoir, par peur, à cause de la culpabilité ou simplement faute d'occasions ? Combien sont monogames sans aimer vraiment leur partenaire ? J'ai un immense respect envers ces mots : "rien que toi". Mais trop souvent, ce n'est qu'un bon gros mensonge.

Je ne dis pas que ce que je suggère est facile. Peut-être suis-je intransigeante mais je ne peux admettre ou respecter d'autre genre de fidélité que celle qui dit : "Je suis loyale envers toi parce que je ne sais pas faire autrement." Tout ce qui serait en deçà constituerait un affront.

*

À l'évidence, vouloir lister tous les inconvénients du mariage se révèle interminable : la routine, le manque d'espace, les querelles futiles, l'ennui, etc. Mais vous savez tout cela. Je ne suis sûrement pas la première à découvrir que cette institution devient de plus en plus archaïque. Pour finir, je vous propose, à titre de remplacement, une version revisitée des vœux du mariage, moins irréaliste et moins angélique :

Ancienne version : Je te prends légalement pour époux (pour épouse) maintenant et pour toujours. Je te promets d'être fidèle dans les moments de bonheur comme dans les épreuves. Je t'aimerai chaque jour de ma vie, à compter de ce jour, jusqu'à ce que la mort nous sépare.

Nouvelle version : Je te prends pour amant passager. Je serai heureuse de rester avec toi quand nous le désirerons tous deux, mais tu ne seras pas en ma possession, ni moi bien sûr en la tienne. Je ne peux rien te promettre, mais je préférerais que nous passions de bons moments ensemble, plutôt que de mauvais. Je t'aimerai aussi longtemps que je le pourrai, pas un jour de plus. Ce ne sera pas la mort qui nous séparera, mais plus probablement un autre homme (une autre femme). Alors, veux-tu vivre heureux à jamais ou prendre des risques avec moi ?

# X

# LA DÉSASTREUSE INVENTION
# DE LA VIEILLESSE

*Il ose passer pour un imbécile, et c'est le premier pas vers la sagesse.*

JAMES HUNEKE

# LA THÉORIE DE L'ARTICHAUT

Ses feuilles sont tellement dures. Tu les touches et elles semblent impénétrables, indestructibles. N'oublions pas qu'elles peuvent piquer. Tu souris à l'artichaut mais il ne te rend pas ton sourire, c'est une créature tellement intimidante. Comme s'il t'avertissait : "Va-t'en ! Je suis trop coriace pour toi, tu ne peux me prendre dans ta main." Mais tu dois savoir à quoi t'en tenir.

Et tu commences à l'effeuiller. Jour après jour, année après année. Une feuille après l'autre, un bouclier après l'autre. Chaque fois que tu crois arriver près du cœur, de nouvelles feuilles menaçantes apparaissent, comme s'il te disait : "Tout cela ne sert à rien. Regarde le peu que tu as obtenu. Cours si tu veux sauver ta vie !" Mais tu dois savoir à quoi t'en tenir.

Alors tu insistes, tu continues à ôter les couches de la crainte, de la peine, du doute, de la déception, ces couches que l'artichaut a fait pousser à longueur de temps pour se protéger de l'imposture et de la cruauté. Tes doigts te font mal, tu es à bout de patience, mais tu es trop obstinée et trop passionnée pour abandonner. Parce que tu sais que c'est le seul moyen de mériter ce qui va suivre.

197

Enfin, enfin, voilà l'artichaut tout nu dans tes mains fatiguées et incrédules. Plus d'épines, plus de feuilles pointues, rien qu'un cœur, doux et moelleux, qui ne demande qu'à être mangé, comme s'il te disait : "Prends-moi, je renonce à me battre. Ta foi en moi t'a valu ma reddition et m'a valu la délivrance."

Alors tu le manges. Tu manges ce cœur charnu. *Ton* cœur charnu. Et ce cœur éclôt à l'intérieur de toi. Tu te sens très fière, car en dépit de tous ces cœurs d'artichaut en conserve, tout prêts à être mangés, tu as choisi d'obtenir le tien de façon pénible. Et tu te sens bien parce que, même si le voyage de l'existence a été long et difficile, cela en valait la peine. Alors, tu comprends que l'artichaut n'est qu'une métaphore de ta maturité, une métaphore de ton existence...

Une métaphore de toi.

# ET ALORS ?

*Maturité de l'homme : retrouver le sérieux qu'il mettait au jeu, étant enfant.*

FRIEDRICH NIETZSCHE

Je fais maintenant partie des quadragénaires. C'est du moins ce qu'atteste mon certificat de naissance. Cet âge effrayant où, nous dit-on, les femmes commencent à devenir vieilles, et les hommes intéressants. On le voit, même la maturité possède son lexique discriminatoire.

Oui, je fais maintenant partie des quadragénaires. Et alors ? D'accord, j'ai quelques rides autour des yeux. Mais vous savez, j'ai beaucoup souri, j'ai beaucoup froncé les sourcils, beaucoup ri, beaucoup pleuré. J'ai vécu. Mais le meilleur est encore à venir. Ma peau paie le prix de ma gloutonnerie ? Soit. Mais si je suis seule en ce moment, je le suis moins que lorsque j'avais le visage lisse. Je ne convoite plus les fruits. Je les dévore, les yeux grands ouverts.

Je fais maintenant partie des quadragénaires. Et alors ? D'accord, j'ai quelques cheveux gris sur la tête. Mais vous savez, j'ai été le témoin de beaucoup de bonnes choses, et de beaucoup de mauvaises choses. Je me suis battue. J'ai gagné, j'ai perdu. Mes boucles paient le prix de ma folie ? Soit. Je n'ai pas besoin de me teindre les cheveux pour me sentir plus jeune. Le feu de la passion qui est en moi va s'en charger. Et son rougeoiement ne semble pas faiblir.

Je fais maintenant partie des quadragénaires. Et alors ? D'accord, je regarde avant de m'élancer. Mais je m'élance encore, même quand il n'y a personne pour me récupérer. Je sais que je me récupérerai seule, j'y arrive toujours. Je me casse un os ou deux ? Soit. Seuls les mauvais virages mènent à la découverte. Je ne veux pas cesser de voyager vers l'inconnu. Jamais. Et mes genoux meurtris sont plus forts qu'il n'y paraît.

Je fais maintenant partie des quadragénaires. Et alors ? D'accord, je fais beaucoup moins confiance aux autres. Mais je fais toujours confiance. Même lorsque je suis terrifiée. Car j'ai appris que, dans la vie, le vrai perdant, c'est celui qui déçoit, pas celui qui est déçu. Je reçois des gifles de temps en temps ? On me poignarde parfois dans le dos ? Soit. Je suis fière de mes plaies ouvertes. Et plus elles saignent, plus je suis assoiffée.

Je fais maintenant partie des quadragénaires. Et alors ? D'accord, je ne crois plus en grand-chose. Mais je crois encore. Je crois en la liberté, en l'amour, en l'amitié, je crois au mystère, au désir, aux surprises. Je crois aux mots, au silence, à la dignité. Au don, qui est plus gratifiant que de prendre. Et par-dessus tout, je crois en Joumana. Il arrive qu'on me mente ? Soit. C'est cruel de se mentir à soi-même, pas aux autres. Le mensonge comporte sa propre punition.

Je fais maintenant partie des quadragénaires. Et alors ? Il y a toujours en moi une fillette de douze ans qui joue et prend des fous rires. Elle se fiche bien des rides et des cheveux gris. De se briser les os et de peiner son cœur. Elle ne se soucie pas des déceptions, des craintes, des gifles, des coups de poignard et des cicatrices.

Elle est aussi légère, aussi insouciante qu'un poème qui reste encore à écrire... Et elle n'a pas l'intention de vieillir de sitôt.

# NOUS POUVONS TOUS
# ÊTRE PETER PAN

*Exister consiste à changer, changer à se mûrir, se mûrir à se créer indéfiniment soi-même.*

HENRI BERGSON

Comme la plupart des enfants, mon fils cadet, Ounsi, adorait dessiner pendant son enfance. Il me faisait de belles aquarelles, que j'ai toujours conservées près de moi : dans mon sac, sous mon oreiller, entre mes livres ou dans mon nécessaire de voyage. J'ai pendu ses peintures abstraites, si colorées, sur le miroir de la salle de bains, sur le réfrigérateur, dans ma chambre et même dans mon bureau, juste à côté des œuvres des grands poètes libanais. Le truc habituel des mamans.

Mais, arrivé en sixième, Ounsi commença à se lasser du dessin. Les peintures qu'il me donnait se firent rares. Sans parler du fait qu'il avait passé tout le premier trimestre à ronchonner contre sa "vieille" professeur de dessin. Cette vieille prof par-ci, cette vieille prof par-là. "Elle ne me comprend pas", avait-il pris l'habitude de dire en soupirant. J'étais persuadée qu'il était un genre de génie postmoderne, le futur Andy Warhol du Liban, rabroué par une vieille enseignante traditionaliste qui ne comprenait rien aux nouvelles formes d'art et d'expression.

Après la plainte de trop, je décidai de rencontrer cette dame pour essayer de dépoussiérer sa vision de l'art. Ce même matin, alors que j'embrassais Ounsi, sur le départ pour aller au collège, il me vint à l'idée de lui demander : "Mais au fait, quel âge a-t-elle exactement, cette vieille prof ?" Sa réponse me fit l'effet d'un coup de pied dans l'estomac. Après un long sifflement laissant entendre qu'elle appartenait davantage à l'ère jurassique qu'au XXI^e siècle, il me dit : "Oh, vraiment très vieille, elle doit avoir pas loin de quarante ans." J'avais eu quarante ans la semaine précédente.

*

Cela me sauta aux yeux : pour mes enfants, avoir la quarantaine, cela signifiait que j'étais supposée rester près du feu à tricoter des chaussettes, alors que je me voyais porter des bas résille avec une jolie jupe. Pour eux, cela voulait dire que j'aurais bientôt besoin d'une canne pour me déplacer alors que je me voyais danser jusqu'à l'aube avec mes amis. Pour eux, c'était fini alors que, pour moi, tout ne faisait que commencer.

J'enfonce probablement une porte ouverte quand je dis que cette obsession de la jeunesse est une invention patriarcale, de même que cette fixation sur la beauté plastique, et les recours à la chirurgie esthétique qui en découlent. Voyez dans les magazines ces photos de synthèse représentant des femmes irréelles. Voyez, dans notre monde industrialisé, l'importance accordée aux apparences, surtout en ce qui concerne la beauté des femmes. Voyez ce culte pour les stars, ces gens riches et célèbres qui ont les moyens de s'acheter une jeunesse. Jamais la pression pour rester jeune et belle n'a été aussi élevée. C'est que les médias (patriarcaux) veulent nous faire croire qu'il n'y a que la jeunesse et la beauté qui comptent.

Les médias (patriarcaux) veulent nous faire croire que seuls les gens jeunes et beaux peuvent avoir une vie sociale animée et de nombreux amis. Les médias (patriarcaux) veulent nous faire croire que seuls les gens jeunes et beaux réussissent, sont heureux et séduisants. Voilà pourquoi tant de femmes mentent à propos de leur âge et pleurent à chaque anniversaire, au lieu de vieillir paisiblement, avec élégance. Voilà pourquoi tant de femmes dépensent tant d'argent pour ralentir les effets du vieillissement (crèmes, injections, chirurgie, etc.), au lieu d'être fières de leurs rides au coin des lèvres et d'accepter que leur chevelure se teinte d'argent.

En vieillissant, comment ne pas nous sentir frustrées ? Comment ne pas voir le temps qui s'échappe ? Comment ne pas ressentir comme une menace le tic-tac de l'horloge ? Et comment pourrait-il en être autrement, puisque la jeunesse offre des possibilités illimitées, et que le prix à payer pour la maturité est une longue liste de soucis et de responsabilités ? Est-ce malgré tout une raison suffisante pour se noyer, comme des adolescentes, dans un océan de surenchère et de fuite devant la réalité ? Est-ce une raison pour divaguer sur le thème "La cinquantaine, c'est une nouvelle quarantaine, une nouvelle trentaine, une nouvelle vingtaine, etc." ? Est-ce une raison pour subir une série sans fin de liftings, de chirurgie des lèvres, d'implants fessiers, et d'autres opérations qui transforment notre apparence naturelle ?

Prenez l'exemple du Liban : de plus en plus, de belles jeunes femmes, en pleine santé, qui n'auraient aucun besoin de la chirurgie esthétique, y ont cependant recours. Il y en a même pour essayer de remodeler leur visage à l'image de telle ou telle célébrité. C'est la raison pour laquelle vous pouvez croiser dans les rues ou dans les bars de Beyrouth tant de femmes qui sont des copies caricaturales de telle célèbre chanteuse, ainsi que d'elles-mêmes. Souvent, le propos de la chirurgie esthétique n'est pas de rétablir la beauté ou la jeunesse, mais plutôt de les contrefaire. C'est une véritable maladie qui échappe à tout contrôle, une épidémie. Une épidémie psychologiquement contagieuse. C'est aberrant de voir toutes ces femmes penser qu'elles ont besoin qu'un médecin leur broie les os ou les charcute de son scalpel pour attirer l'attention des hommes. Allez regarder ça de près. Je l'ai fait et ce n'est pas beau à voir.

*

Tout ça n'est qu'affaire de peur, la peur d'être indigne d'attention, d'être imparfaite. Une peur qui joue, partout à travers le monde, sur le manque d'assurance des femmes. Des femmes qui se débattent pour rester figées dans une adolescence perpétuelle, confondant recherche de la jeunesse avec recherche de l'immaturité, le tout au nom d'une perte de la confiance en soi. Détruites par un système patriarcal qui exploite les femmes, minimise leurs capacités, les réduisant à de jolies figurines au visage sans rides.

Ces dernières réflexions me rappellent une affiche que j'ai vue récemment à la devanture d'une célèbre chaîne de librairies, montrant une femme nue et le slogan "le plaisir de la culture" étalé sur son corps dévoilé. Je me demande ce que peut représenter exactement le plaisir pour les gens qui ont conçu cette affiche. À l'évidence, une femme nue. Ne sommes-nous donc que cela? Une éternelle métaphore de la pomme séductrice? N'avons-nous pas suffisamment entendu ce refrain-là, que ce soit en Occident ou en Orient? Si je voulais être cynique, je dirais que je n'ai rien contre le concept, sauf qu'il ne comble pas mes propres envies à moi, pauvre hétérosexuelle, attirée par les hommes, pas le moins du monde excitée à la vue de ces nichons féminins... Quand donc tous ces machos du business de la publicité se rendront-ils compte que nous existons ? Quand arrêteront-ils d'utiliser nos fesses pour vendre des voitures, du mobilier, des perceuses ou des pesticides ? S'ils considèrent que le corps constitue un attrait supplémentaire pour la promotion de leurs produits, que ne nous mettent-ils des fesses d'homme sous les yeux ! Peut-être estiment-ils que les femmes sont au-dessus de ces bas instincts ? Alors, ce serait une reconnaissance de notre supériorité, non ?

De tels schémas patriarcaux font que la confiance en soi n'est plus fondée que sur l'apparence et non pas sur l'intelligence ou le talent, et que la silicone ou le Botox se sont changés en remèdes miraculeux contre le désespoir et la dépression. C'est grâce à de telles valeurs patriarcales que la vie est devenue synonyme de spectacle. Nous l'avons oublié : ce n'est que lorsque la notion de spectateurs s'efface que nous prenons vraiment vie.

*

Les contradictions ou injustices proviennent pour la plupart de cette rue à sens unique sur laquelle cette obsession semble circuler. Mais quand on en vient aux sentiments et au potentiel de séduction, la plupart des femmes vous diront que l'apparence et l'âge des hommes ne comptent pas pour elles. Ce sont leur intelligence, leur comportement et leur façon de traiter les femmes qui les rendent séduisants à leurs yeux, pas leur look. Mais y a-t-il beaucoup d'hommes qui peuvent en dire autant au sujet des femmes qui les attirent ? Combien préfèrent leur esprit à leur poitrine ? Combien préfèrent leur personnalité à leur cul ? Quand leurs femmes cesseront-elles d'être des trophées pour devenir des partenaires ? Quand les hommes comprendront-ils que, même s'ils ont le look de Brad Pitt, ils n'arriveront jamais à conquérir une vraie femme, une femme intelligente s'ils se conduisent comme des cons et n'utilisent pas leur cerveau ? Alors que s'ils sont intelligents, pleins d'assurance, généreux et drôles, ils peuvent séduire la plus belle femme du monde, la plus brillante, même s'ils ressemblent à des pandas.

*"J'ai accepté la peur comme une partie de ma vie, particulièrement la peur du changement... J'ai continué la route malgré les battements sourds de mon cœur qui disaient : Fais demi-tour !"* (Erica Jong). Bien sûr, moi aussi, j'ai peur du changement. Mais je suis pourtant davantage encline à aller de l'avant qu'à faire demi-tour. Le futur m'excite plus que le passé. C'est pourquoi je préfère infiniment me sentir jeune plutôt que paraître jeune. Et le premier ne dépend pas nécessairement du second. Il y a en nous tous quelque chose de Peter Pan. Aucun besoin de scalpel pour ce genre de métamorphose.

*

Que d'inventions désastreuses en ce bas monde. Et si seulement elles se limitaient à celles énumérées dans ce livre. Il y en a tant qu'il m'arrive parfois de me demander : "Est-ce que je suis suréquipée ou sous-équipée pour cette vie ?" Je penche pour le second terme de l'alternative. Une chose est sûre : nous sommes vraiment mal assortis. Parfois, lorsque je regarde autour de moi, j'ai le sentiment de rechercher quel vaisseau spatial a bien pu me déposer ici il y a quarante et un ans.

J'ai aussi cette conviction que nous autres, les êtres humains, nous sommes des terrains à bâtir. Chacun d'entre nous. Mais nous n'avons pas besoin de décider si ce sera un gratte-ciel ou une maison de plage, un casino ou un terrain de jeux pour enfants, une boîte de strip-tease ou un abri pour SDF, une gare ou un musée, un orphelinat ou un pont, une centrale électrique ou une usine de jouets, une librairie ou une boutique de lingerie... Du moins, j'aimerais ne pas décider. Et tant que je n'arriverai pas à comprendre comment être tous ces bâtiments en même temps, je continuerai à me battre. Qu'importe ce qu'on me raconte, ce qu'on vous raconte, les bonnes choses n'arrivent pas à qui sait attendre. Elles sont pour ceux qui se lèvent et s'en saisissent.

# J'AI LEURS BELLES VOIX EN TÊTE

*mais j'ai des promesses à tenir*
*et des milles à franchir avant d'aller dormir*
*et des milles à franchir avant d'aller dormir.*

ROBERT FROST

*In principio erat verbum.* Au commencement il y eut un mot. Un mot dans un poème. Un mot dans un poème dans une salle de classe dans une ville effrayante nommée Beyrouth. C'était un poème du surréaliste français Paul Éluard. En l'écoutant pour la première fois, la petite fille assise tout à gauche du premier rang, juste à côté de ces fenêtres de verre teinté bardées de sacs de sable (censés protéger les élèves des snipers et des éclats d'obus) pensa qu'un tremblement de terre venait de frapper le pays.

*Sur mes cahiers d'écolier*
*Sur mon pupitre et les arbres*
*Sur le sable de neige*
*J'écris ton nom*

La voix du professeur était aussi douce que d'habitude mais, pour une raison quelconque, elle retentit comme le tonnerre. La petite fille regarda autour d'elle : aucun morceau du plafond ne s'était effondré, tables et chaises étaient restées en place, les livres étaient bien en ordre sur les étagères, ses camarades de classe étaient calmes et concentrées. Pas un tremblement de terre, donc. En tout cas, pas dehors.

*Sur la vitre des surprises*
*Sur les lèvres attendries*
*Bien au-dessus du silence*
*J'écris ton nom*

Elle se rendit à peine compte que son cœur bondissait comme un chien fou dans sa poitrine, que le sang montait à ses tempes en fièvre. Plus rien n'avait d'importance. Plus rien n'existait que ce fluide magique de lumière et d'espoir qui sortait du larynx de Mlle Norma pour investir sa vie.

*Sur mes refuges détruits*
*Sur mes phares écroulés*
*Sur les murs de mon ennui*
*J'écris ton nom*

C'était cela qu'elle voulait, elle en voulait davantage, elle en voulait en quantité, sans limite. En recevoir, mais aussi en donner. Ou du moins, essayer.

*Et par le pouvoir d'un mot*
*Je recommence ma vie*

Qui donc a dit que le processus de fécondation ne pouvait pas être suivi avec précision, pas même à la seconde ? Ce fut le moment exact où la petite fille sut qu'elle deviendrait écrivain.

*

Peut-être cela en surprendra-t-il quelques-uns, mais la vérité, c'est qu'au Liban, et dans d'autres pays arabes, bien des gens, hommes et femmes, pensent ce que je pense. Sentent ce que je sens. S'indignent de ce qui m'indigne. Et en retour, je pense, je sens, je m'indigne, comme eux. Certains ont l'occasion de l'exprimer, par la littérature, d'autres formes de créativité ou par l'action sociale. D'autres n'ont pas cette chance. Mais ils sont pour moi un levier. Leurs réactions à mes écrits sont mes contes de fées à moi. Ils me donnent l'énergie de sortir du lit chaque matin, de m'asseoir à mon bureau, devant l'effroyable écran vierge, et de saigner.

J'ai envers ces hommes et ces femmes anonymes une dette immense. Je n'arrête pas d'entendre leurs belles voix, ces voix qu'on leur vole, résonner dans ma tête. Elles m'inspirent, elles me poussent, jour après jour, un mot après l'autre, au-delà de mes limites. Vous méritez vous aussi de les entendre. J'ai donc décidé, avec leur accord, de vous présenter quelques-unes d'entre elles. Mon but, c'est de montrer la diversité de ces Arabes partageant des idées semblables, et de démontrer que je ne suis ni "une voix isolée prêchant dans le désert", ni une exception extraordinaire. Mon micro fonctionne alors que le leur est brisé. Mais un jour, il sera réparé. Ah! Quand ce jour viendra, comme ils vont rugir!

HEBA K., FEMME AU FOYER, PALESTINIENNE
On m'a mariée quand j'avais seize ans, sans me demander mon avis, à un homme plus âgé que moi de vingt et un ans. Il commença à me battre dès la première semaine de notre mariage. Après avoir mis au monde trois filles, le corps marqué en tous endroits d'innombrables ecchymoses, je pris la décision de m'enfuir. Grâce à l'aide d'un ami compatissant, je

vis désormais à Berlin, où, à l'âge de trente-trois ans, j'essaie de raccommoder mon âme. La seule chose que je regrette, la seule chose qui me rend malade, c'est d'avoir été obligée d'abandonner mes filles là-bas. Je ne sais pas si elles comprendront un jour, si elles me pardonneront, mais il fallait que je m'en aille. Il en allait de ma dignité. C'était soit le départ, soit le suicide. Alors j'ai choisi la vie. J'espère que le jour viendra où je serai assez forte et assez influente pour pouvoir les sortir de là elles aussi. Nous, les femmes, nous devons nous défendre et dire non à la violence avant qu'il ne soit trop tard.

FAREED S., MÉDECIN, ÉGYPTIEN
Je pense qu'il faut s'interroger au sujet de ce qui se passe autour de nous, décider nous-mêmes de ce qui nous concerne au lieu de tolérer d'être pris pour un troupeau stupide. Je n'apprécie pas la condescendance avec laquelle les femmes sont traitées dans le monde arabe. Ma fille a pris la décision, à l'âge de vingt-trois ans, de porter un voile intégral, bien que je l'aie pressée, voire suppliée de n'en rien faire. Que peut faire un père en pareil cas ? Je l'avais élevée dans l'espoir d'en faire une libre penseuse laïque. Mais la société et le cercle de ses amis ont eu raison de moi. Je me sens impuissant, mais je ne perds pas l'espoir. Je suis certain qu'elle finira par se reprendre et par se battre pour le respect d'elle-même.

WAFAA B., INFIRMIÈRE, IRAKIENNE
Depuis ma plus tendre enfance, on m'a répété que je n'étais bonne à rien. Au début, je le croyais moi aussi. Jusqu'au jour où je vis à la télévision un documentaire sur les femmes tamoules, et plus particulièrement sur Murugesapillai Koneswari, une Tamoule mère de quatre enfants, ayant défié les autorités et déposé une plainte officielle, sans

craindre des représailles, contre des officiers de police qui lui avaient volé ses biens. Je me suis dit : "Je dois commencer à me défendre moi aussi, et à croire en mes capacités." Je me suis inscrite en cachette à une école d'infirmières et j'ai trouvé du travail à l'hôpital municipal de Bassora. Maintenant que je ramène de l'argent à la maison, plus personne de la famille n'ose me barrer la route. Même mon frère aîné, qui me maltraitait auparavant, ne me dit plus rien maintenant qu'il me demande de l'argent pour s'acheter de l'alcool ou des cigarettes. C'est une victoire plutôt mince mais c'est *ma* victoire, et j'en suis fière.

SAMIR H., HOMME D'AFFAIRES, LIBANAIS

Je suis né dans un milieu sunnite. Et j'avais toujours trouvé que les gens de mon entourage étaient tolérants et compréhensifs. Aujourd'hui, c'est différent, j'ai presque peur. Les barbus sont partout. Le nombre de femmes voilées augmente de façon exponentielle. Chaque vendredi, les mosquées sont pleines. Chaque semaine, je reçois des coups de fil d'anciens amis me proposant de rejoindre leurs groupes d'études religieuses, leurs maîtres charismatiques, ou quelque chose d'aussi débile. Il n'y a pas si longtemps, ces mêmes amis me demandaient de les rejoindre pour boire un coup, pour une soirée ou un dîner. Certains étaient même parfois plus larges d'esprit que moi. Cela m'inquiète vraiment. Je ne veux pas savoir ce qu'ils font en réalité, mais ce phénomène a quelque chose d'effrayant. Il m'est impossible de supporter aucune forme d'injustice, sous quelque forme que ce soit, si bien déguisée soit-elle. Surtout quand cette injustice est validée par le grand patron : Allah. Je n'arrive pas à m'y faire et je n'arrive pas à comprendre comment les gens peuvent encore l'accepter. Je dois reconnaître que je ne fais rien pour m'y opposer. Cela fait un certain temps que j'y ai renoncé. Ma colère contre l'injustice existe encore, mais elle reste enfouie en moi.

## AMIRA G., ÉTUDIANTE, ALGÉRIENNE

Je n'ai que vingt-deux ans, je suis encore étudiante, et je vis dans un milieu très traditionaliste, très strict. Je voudrais cependant être un jour libérée. Il y a tant de choses en moi que je voudrais exprimer et que je n'exprime pas. Pas encore en tout cas. La route sera longue, mais j'ai confiance en mes pieds, je sais qu'ils me conduiront là où je veux aller.

## TAHAR M., PHARMACIEN, MAROCAIN

Alors que le fascisme religieux et les pratiques patriarcales augmentent constamment dans le monde arabe, je crois que ce qui nous manque, c'est que les femmes prennent le pouvoir, que cela pourrait nous sauver de l'abîme : des femmes courageuses, des femmes rebelles, prêtes à dénoncer l'hypocrisie de notre société, quitte à être attaquées, intimidées et haïes. Je crois être féministe. Mais le puis-je vraiment, étant un homme ?

## AMAL B., SECRÉTAIRE, TUNISIENNE

Toute cette misogynie autour de moi me rend malade et me fatigue. Elle essaie de briser mon esprit, jour après jour. Dieu est un mirage issu de notre peur instinctive de la mort. Et notre plus grave erreur a été de ramper devant lui pour atténuer cette peur, pour qu'il nous sauve de la mort par cette illusion d'une vie après la mort. Mais cette folie est devenue plus grande que nous, et elle se retourne contre nous. La seule solution, c'est de tuer le serpent. Un point c'est tout. Toute autre solution n'est que perte de temps. Mais je n'ai ni la force ni le pouvoir d'appuyer sur la détente.

HUSSEIN T., AVOCAT, SYRIEN

Je me bats férocement pour la liberté de pensée, et par conséquent contre toute forme de lavage de cerveau, qu'il s'agisse de la religion, du nationalisme ou du culte de la personnalité. La religion institue des différences entre les hommes, elle oppose les croyants aux non-croyants, une race à une autre, les hommes aux femmes, et ainsi de suite. Il faut en finir. Vite.

MAJED F., INFORMATICIEN, YÉMÉNITE

Bien que je sois un homme et, dois-je l'ajouter, un croyant fervent, je refuse d'être macho. Je viens d'une région où les hommes et les femmes sont encore strictement séparés les uns des autres. On m'a appris à mépriser les femmes, à l'exception de ma mère, bien sûr. Jamais, pendant mon adolescence, je n'ai pris conscience de l'absurdité d'une éducation aussi barbare : nous devons sacraliser notre mère et la traiter comme une sainte, mais considérer les autres femmes avec mépris, même les femmes de nos propres enfants! En atteignant la trentaine, j'ai pris conscience de cette injustice et j'essaie de faire quelque chose à ce sujet dans le contexte limité de ma maison et de ma petite famille. Mais mes idées sont condamnées à rester à la maison. Si je devais en parler à mes amis, si je leur disais seulement que je crois que la femme est l'égale de l'homme, ils se moqueraient de moi et me traiteraient de pédale.

EMAN S., INSTITUTRICE, SAOUDIENNE

Je n'ai pas besoin de te dire ce que cela signifie d'être une femme en Arabie Saoudite. Je suppose que tu sais. Je me souviens de la première fois où j'ai lu un de tes livres : j'ai rougi, quoique seule dans ma chambre. J'avais l'impression de commettre l'inconcevable, comme si je me masturbais au sommet du mont Arafat le dixième jour du mois de *dhû al-hujjah*, sous le regard de tous les pèlerins. Puis j'ai entendu des pas dans l'escalier et j'ai fermé le livre en tressaillant, comme pour me disculper de ce que je croyais être une faute. Je crois que je ne t'avais pas comprise, mais maintenant, je comprends. Maintenant, je voudrais être plus courageuse mais être courageuse ici, je ne peux pas m'offrir ce luxe.

BUTHAYNA L., CHIMISTE, KOWEÏTIENNE
Le fait d'apprendre le Coran lorsque j'étais jeune enfant a entravé ma liberté d'expression. J'ai appris l'anglais pour arriver à dire le mot sexe sans baisser les yeux, pour exprimer mes besoins, et pas seulement pour écouter ceux que l'homme impose. Peut-être le jour viendra où j'aurai assez de courage pour refermer tous les livres sacrés, et fêter mes sentiments et mes idées par ces mots que mon âme et mon corps connaissent si bien, mais n'arrivent pas à exprimer car ils sont infestés par Dieu.

NADA K., VENDEUSE, LIBANAISE
Quand j'étais enfant, j'ai été agressée sexuellement par mon oncle, ce même oncle qui allait à la messe tous les dimanches. Maintenant, je suis la mère de deux petites filles, je suis mariée à un homme qui porte une croix en or à son cou, et qui me viole régulièrement. Et je ne peux pas lui intenter un procès ou divorcer parce que le droit libanais ne reconnaît pas le viol marital. Vous savez ce que je souhaite ? C'est que mes filles ne soient pas assez idiotes pour se marier comme moi. Je rêve pour elles de quelque chose de mieux que cette robe blanche, cet anneau, ce mariage sanctifié et prétendument béni. Je rêve pour elles d'un amour sans crainte et sans limites. Je voudrais leur dire tout cela, pour arrêter d'avoir le sentiment de saborder leur existence. Je cherche les mots, lentement, progressivement.

C'est encore bloqué, étouffé par tant de craintes accumulées. Mais un jour, je vais finir par trouver.

*

Au commencement, il y eut un mot, un mot qui sauva une petite fille de sa sensation d'étouffer. Un mot qui la sauva entièrement. Ce même mot qui lui apprit à rêver et à crier, dans sa tête et sur le papier. Ce même mot qui est aujourd'hui tatoué, en arabe, sur le bras droit de la femme qu'elle est devenue. Ce même mot qui l'aide à se relever chaque fois qu'elle trébuche et tombe à genoux. Ce même mot qui va l'attendre, ici même, à la fin du voyage, étincelant comme une découverte sans fin. Car, comme Éluard, et tant d'autres dans le monde arabe et sur la surface de cette planète, cette petite fille est simplement un être humain *"Né pour te connaître / Pour te nommer / Liberté."*

# LETTRE À MES FILS

*Restez affamés, restez fous.*

STEVE JOBS

Mes chéris,

Est-il besoin de vous dire qu'avoir été votre mère ces dernières vingt années a été pour moi la plus grande des aventures, la plus enrichissante? D'ailleurs, ça l'est toujours et j'espère que cela continuera de nombreuses années encore.

Vous m'avez apporté l'amour inconditionnel, la fierté, la consolation et la force dans mes moments de doute, d'échec, de déception et de solitude. Vous avez été présents à mes côtés, consciemment et inconsciemment, à des moments où, moi-même, je n'arrivais plus à être présente. Vous avez incarné la lumière de l'espoir dans chaque tunnel obscur que j'ai traversé, le gilet de sauvetage quand je risquais de me noyer. Mais il me reste un aveu à vous faire.

Il y a beaucoup de choses que je ne vous ai pas dites pendant tout ce temps. Des choses que je vous croyais pouvoir comprendre instinctivement. Des choses dont je pensais que vous les découvririez finalement par vous-mêmes. Des choses que je supposais pouvoir vous épargner la peine d'entendre.

Des choses que j'avais décidé de ne pas vous prêcher, mais d'illustrer pour vous.

Cependant, j'en suis venue à changer d'avis. J'en suis venue à penser qu'il y avait certaines choses qui devaient être dites de façon claire et franche, même si mes mots risquaient d'être perçus comme un sermon rébarbatif ou une dangereuse généralisation. Le fait que vous soyez sur le chemin de l'âge adulte (et donc à même d'explorer la foire d'empoigne des relations sentimentales) et l'espoir que j'ai de vous voir relever le défi d'être de vrais hommes me semblent de bonnes raisons pour vous dire certaines de ces choses. Ce livre est pour moi l'occasion idéale de le faire. Alors, voilà :

Nous (les femmes, du moins la plupart d'entre nous) en avons assez de voir que vous (les hommes, du moins la plupart d'entre vous), vous ne nous considérez que comme des mères, des filles, des sœurs, des amantes, des épouses, des possessions, des domestiques, des jouets…

Nous en avons assez de ne pas croire en nous-mêmes. Nous en avons assez que vous ne croyiez pas en nous. Nous en avons assez qu'on nous dise que nous n'en faisons pas assez, ou que nous en faisons trop pour vous. Nous en avons assez que vous considériez que nous sommes toutes fanas de l'engagement et que vous avez tous la phobie d'être engagés. Nous en avons assez de culpabiliser parce que nous sommes au travail au lieu d'être à la maison à faire des gâteaux. Nous en avons assez que vous soyez convaincus que nous ne servons qu'à faire des bébés, et que vous ne respectiez pas nos désirs de carrière autant que les vôtres.

Nous en avons assez de préférer les trous du cul aux hommes bien, les brutes aux gentils, les riches et puissants aux ambitieux et travailleurs. Nous en avons assez que vous préfériez les garces aux femmes sincères, les fausses aux naturelles, les jeunes et belles aux aimantes et loyales, même s'il arrive que nous soyons tout cela à la fois. Nous en avons assez de devoir choisir entre vous manipuler ou renoncer à vous. Nous en avons assez que vous ne vous laissiez pas porter par notre courant.

Nous en avons assez de vous donner la main comme un gage de compromis, au lieu que ce soit un gage d'alliance et d'intimité. Nous en avons assez que vous ayez besoin que nous nous recouvrions de voiles noirs ou que nous nous exhibions comme des objets sexuels bon marché pour vous rassurer sur votre virilité. Nous en avons assez d'attendre que vous veniez nous chercher, au lieu de sortir à votre rencontre. Nous en avons assez que vous pensiez qu'avoir besoin de nous est un signe de faiblesse.

Nous en avons assez d'utiliser la stratégie du silence envers vous. Nous en avons assez que vous utilisiez la stratégie du mépris envers nous. Nous en avons assez de ne pas prendre l'initiative des rapports sexuels de peur de paraître trop faciles ou d'être cataloguées comme agressives. Nous en avons assez que ce soit vous qui décidiez de ce qui est "de bon goût" et de ce qui ne l'est pas. Nous en avons assez de nous inquiéter de nos bourrelets, de la profondeur de notre décolleté, de notre maquillage. Nous en avons assez de vous voir ne vous intéresser qu'à nos bourrelets, à notre décolleté, à notre maquillage.

Nous en avons assez d'être étiquetées comme romantiques, tandis que vous seriez pragmatiques. Nous en avons assez de vous voir vous précipiter dans des aventures d'un soir, tels des détenus qui se ruent sur des fils barbelés sans savoir qu'ils sont électrifiés. Nous en avons assez de croire que vous êtes toujours disponibles pour les rapports sexuels. Nous en avons assez de vous voir éviter les conversations à cœur ouvert. Nous en avons assez de toujours imaginer qu'on vous a bien compris. Nous en avons assez que vous supposiez ne jamais parvenir à nous comprendre. Nous en avons assez de confondre votre galanterie avec de la faiblesse. Nous en avons assez que vous fassiez la différence entre le sexe et l'amour. Nous en avons assez de voir en vous des prises de guerre. Nous en avons assez que vous nous considériez comme des acquis.

Nous en avons assez de feindre l'orgasme pour vous rassurer, de faire profil bas pour vous aider, de vous mentir pour vous remonter le moral. Nous en avons assez de vous sentir intimidés par notre force, effrayés par nos succès, terrifiés par notre intelligence, agacés par notre liberté, défiés par notre indépendance, et castrés par notre fierté d'être femmes. Nous en avons assez de vous demander ce qui est notre dû. Nous en avons assez que vous ne nous traitiez pas comme des partenaires sur un pied d'égalité.

Nous en avons assez de croire que vous êtes tous de glace. Nous en avons assez que vous pensiez que nous sommes toutes les reines du mélodrame. Nous en avons assez de vous soupçonner, de vous être dociles, ou de lutter contre vous.

Nous en avons assez de vous voir nous dénigrer et nier nos droits élémentaires au nom d'Allah, des traditions, de votre supériorité physique, des conventions sociales, ou du droit de celui qui fait bouillir la marmite.

Nous en avons assez d'avoir à vous prouver que nous sommes fortes. Nous en avons assez que vous ayez toujours à prouver que vous êtes plus forts. Nous en avons assez de ces jeux puérils destinés à vous piéger. Nous en avons assez de votre crainte de passer pour de vraies bites molles si vous nous montrez votre côté vulnérable. Nous en avons assez de ne pas laisser libre cours à notre véritable personnalité devant vous. Nous en avons assez que vous ne nous abordiez jamais, nous, mais aussi le monde, sans cette volonté de contrôle et de domination.

Nous en avons assez de placer en vous des espoirs impossibles ou injustes. Nous en avons assez que le sang vous irrigue de façon déséquilibrée au-dessus et au-dessous de la ceinture. Nous en avons assez de tout mettre sur le compte de nos menstruations. Nous en avons assez que vous croyiez que tout peut être résolu ici-bas, même la faim dans le monde, par un comprimé de Viagra.

Nous en avons assez d'être prisonnières d'un féminisme aliénant. Nous en avons assez de vous voir prisonniers d'un machisme aliénant.

Oui, indéniablement, nous en avons plus qu'assez.

Alors, dites-moi : Pas vous ?

## HEUREUX À JAMAIS…

Il était une fois une petite fille qui détestait Superman. Elle savait que, pour qu'il tombe le masque et se change pour de vrai en Clark Kent, elle devait refuser d'être accommodante comme Schéhérazade ou superficielle comme Loï Lane. Alors seulement, ils pourraient vivre heureux, c'est-à-dire de manière intéressante, à jamais.

Alors, elle utilisa le seul superpouvoir qu'elle possédait pour le convaincre, et se convaincre elle-même : les mots.

FIN

# BIBLIOGRAPHIE SÉLECTIVE

Au sujet de ces mêmes inventions, je recommande la lecture de ces livres plus "sérieux" :

ANDERSON, Eric, *The Monogamy Gap : Men, Love, and the Reality of Cheating*, New York, Oxford University Press, 2012.

BARRY, Kathleen Lois, *Unmaking War, Remaking Men : How Empathy Can Reshape Our Politics, Our Soldiers and Ourselves*, Santa Rosa, Phoenix Rising Press, 2011.

DERMODY, Simon, *The Lost Patriarch : Towards a New Mythology of Manhood*, Bloomington, AuthorHouse, 2007.

FOURIER, Charles, *Hiérarchie du cocuage*, Paris, Éditions du Siècle, 1924.

GILMORE, David D., *Manhood in the Making : Cultural Concepts of Masculinity*, New Haven, Yale University Press, 2003.

GRAFF, E. J., *What Is Marriage For?*, Boston, Beacon, 1999.

HITCHENS, Christopher, *Dieu n'est pas grand : comment la religion empoisonne tout*, Paris, Pocket, 2010.

HVISTENDAHL, Mara, *Unnatural Selection : Choosing Boys over Girls, and the Consequences of a World Full of Men*, New York, PublicAffairs, 2011.

KIPNIS, Laura, *Contre l'amour : la déroute des sentiments*, trad. Valérie Fourié, Paris, Éditions de la Table ronde, 2004.

LAURITZEN, Bill, *The Invention of God : The Natural Origins of Mythology and Religion*, StreetWrite, 2011.

LERNER, Gerda, *The Creation of Patriarchy*, New York, Oxford University Press, 1986.

SQUIRE, Susan, *I Don't : A Contrarian History of Marriage*, New York, Bloomsbury, 2008.

WURTZEL, Elizabeth, *Bitch : In Praise of Difficult Women*, New York, Doubleday, 1998.

# REMERCIEMENTS

Ce livre est un véritable "citoyen" du monde. Il a été écrit sur la route, respectivement à Rome, à Berlin, à Marseille, à Carthagène, à Milan, à Bruxelles, à Madrid, à Naples, à Gênes, à Miami, à Toronto, à Copenhague, à Toulouse, à Paris, à Londres, à Malmö, à Ann Arbor, à Ségovie, à Alger, à New York, à Washington, à Boston, à Olinda, à Rio de Janeiro, à Stockholm, à Amsterdam, à La Haye, à Providence, à Narvik et à Beyrouth. Je voudrais donc remercier d'abord les aéroports et les hôtels de toutes ces villes, d'avoir toléré ma quête éperdue de prises électriques pour recharger mon ordinateur portable ainsi que mes plaintes fréquentes au sujet de voisins bruyants qui interféraient avec le cours de mes pensées. Un grand merci à Hossein, mon chauffeur de taxi dans la capitale norvégienne, dont les mots simples, un matin d'hiver, sur la laïcité, les droits de la femme et la virilité, m'ont davantage inspirée que tant de livres écrits par des experts sur ces mêmes sujets. À l'époque, j'avais promis à Hossein qu'il se retrouverait dans mon prochain livre : promesse tenue.

Ensuite, j'exprime la plus sincère des gratitudes envers ces amis fantastiques qui ont pris le temps de lire mon charabia, et de me faire leurs commentaires, qui se sont révélés judicieux et précieux, pour en tirer un livre convenable. Ce sont, dans l'ordre alphabétique : Hatem Badih, Silio Boccanera, Tod Brilliant, Peter Carlsson, David Demarest, Hala Habib, Schona

Jolly, Michael Moore, Salvatore Pitruzzello, Mona Rahhal, Tony Saade, Zeina Nader Salwan, Jan Henrik Swahn et Abir Ward.

Je remercie également tous les hommes que j'ai rencontrés au cours de mon existence. Oui, vraiment tous. Les bons, les méchants, les laids. Ils m'ont fait grandir, chacun à sa façon. Autant par leurs étreintes que par les cicatrices qu'ils m'ont laissées. Autant par les sourires qu'ils ont fait naître sur mes lèvres que par les déceptions qu'ils ont causées à mon cœur. Autant par les conversations qu'ils ont suscitées entre nous que par la profonde solitude qu'ils ont pu engendrer en moi. Il va sans dire que donner ici tous leurs noms ne serait utile à personne. Mais je tiens à ce qu'ils sachent que je n'aurais pu écrire ce livre sans eux.

Je voudrais aussi remercier les deux hommes extraordinaires avec qui j'ai grandi : mon père Atallah et mon frère Chadi. Ils ont tous deux, chacun à sa manière, renforcé ma confiance en l'aptitude de l'espèce humaine à évoluer.

Je dois de même un grand merci à tous mes chers et fidèles lecteurs à travers le monde. Pour les lettres et les courriels qu'ils m'ont envoyés, les chaleureux remerciements qu'ils m'ont prodigués et pour leur miraculeuse foi en moi. J'ignore où je me trouverais aujourd'hui sans leur soutien et leurs encouragements continuels.

Je dois mes derniers remerciements, et ce ne sont pas les moindres, à mes proches. Pour leur tolérance envers mes sautes d'humeur et ma scandaleuse négligence envers eux lorsque j'écris. Je sais parfaitement que je peux être une sale égoïste lorsque je suis en "mode créatif". C'est ici l'occasion rêvée de présenter mes excuses à :

Mon fils aîné, Mounir, pour avoir souvent hoché la tête quand il me parlait sans avoir vraiment écouté. J'espère ne pas avoir hoché la tête tandis qu'il me disait : "Maman, est-ce que je peux prendre de la drogue et foutre ma vie en l'air ?"

Mon cadet, Ounsi, pour ne pas l'avoir embrassé autant que j'aurais dû, autant que je l'aurais voulu. Et pour avoir profité de sa grandiose technique de massage quand j'avais la nuque massacrée à force de rester assise de longues heures durant.

Ma mère, Marie, pour lui avoir injustement hurlé à la figure chaque fois qu'elle essayait de me faire manger tandis que je travaillais à l'ordinateur, et en d'autres occasions encore, alors qu'elle ne faisait que me prouver son attention, et sa générosité inconditionnelle. Il n'est jamais trop tard pour avoir honte de son ingratitude envers autrui.

Mon amie bien-aimée Marianne, pour ne pas lui avoir répété sans cesse combien elle était belle avec son ventre magnifique de femme enceinte et combien je suis heureuse de l'avoir dans ma vie.

Et pour finir, permettez-moi de remercier en toute humilité le feu de la passion, d'aucuns diront de la folie, avec lequel je suis venue au monde. Il est à l'origine de mon esprit combatif, celui qui m'a motivée, qui m'a guidée, qui m'a donné la force d'écrire ce livre, et de relever d'autres défis. Celui qui m'a permis, et me permet toujours, de mépriser les injustices et les atrocités dont je suis témoin. Celui qui m'a permis, et me permet encore, de supporter les insultes de mes détracteurs et la censure des hommes néandertaliens qui m'entourent. Il a grandement contribué à l'écriture de ce livre, ainsi qu'à chacun de mes efforts dans la vie. Je suis bien certaine que, sans lui, je ne quitterais pas mon lit le matin… À quoi bon ? Une bonne guerrière sait qu'il ne suffit pas d'identifier l'ennemi :

Elle sait qu'elle ne sert à rien sans ses flèches incendiaires*.

---

* N'hésitez pas à contacter l'auteure et partager avec elle votre avis et votre témoignage :
Email : contact@joumanahaddad.com
Facebook : http://facebook.com/joumanajo.haddad
Twitter : @joumana333.

OUVRAGE RÉALISÉ
PAR L'ATELIER GRAPHIQUE ACTES SUD
ACHEVÉ D'IMPRIMER
SUR ROTO-PAGE
EN JANVIER 2013
PAR L'IMPRIMERIE FLOCH
À MAYENNE
POUR LE COMPTE DES ÉDITIONS
ACTES SUD
LE MÉJAN
PLACE NINA-BERBEROVA
13200 ARLES

DÉPÔT LÉGAL
1ʳ ÉDITION : FÉVRIER 2013
N° impr. : 83997

*(Imprimé en France)*